Hachette-BnF s'enrichit d'une nouvelle gamme d'ouvrages en couleurs, fac-similés d'éditions originales publiées jusqu'au début du xxe siècle, sélectionnées parmi des pièces remarquables et rares conservées à la Bibliothèque nationale de France.

Imprimés à la demande, ces ouvrages sont ainsi des reproductions fidèles d'éditions d'œuvres richement illustrées de gravures, peintures ou dessins réalisés par de grands artistes. Les œuvres de cette collection ont été numérisées par la BnF et sont consultables en version numérique sur Gallica.

Pour découvrir tous les titres du catalogue, rendez-vous sur www.hachettebnf.fr

LES DONS MERVEILLEUX
ET DIVERSEMENT COLORIÉS
DE LA NATURE
dans le Regne-Animal,

OU

COLLECTION D'ANIMAUX

PRECIEUSEMENT COLORIÉS

Pour servir à l'intelligence de l'Histoire générale et œconomique des trois Regnes.

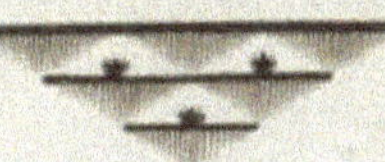

Par M.r Buchoz Médecin Botaniste et de quartier de Monsieur.

A PARIS.

Chez l'auteur rue de la Harpe vis-à-vis la Place Sorbonne.

1782.

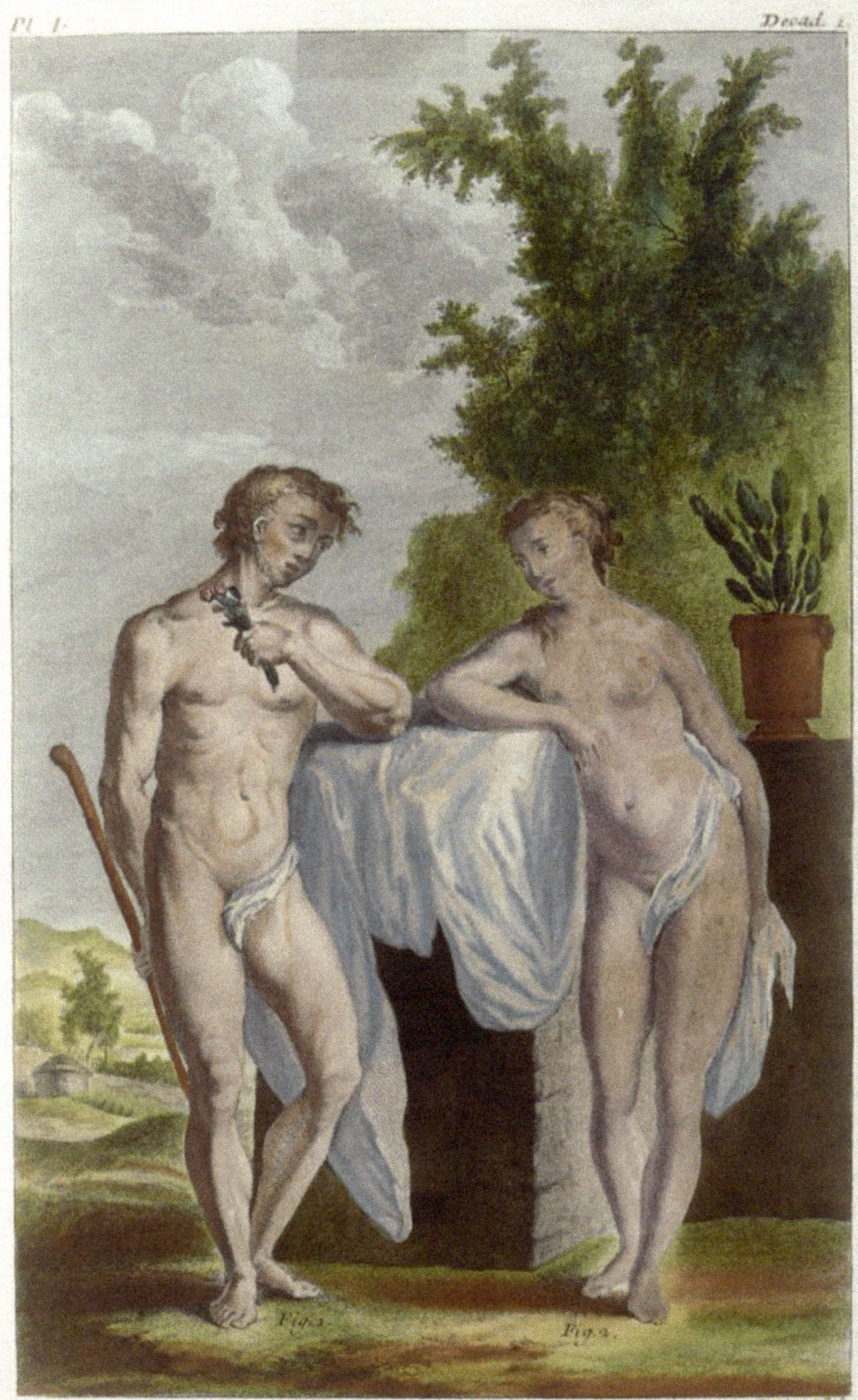

Vangelisti inv. et Sculp.

Pl. II

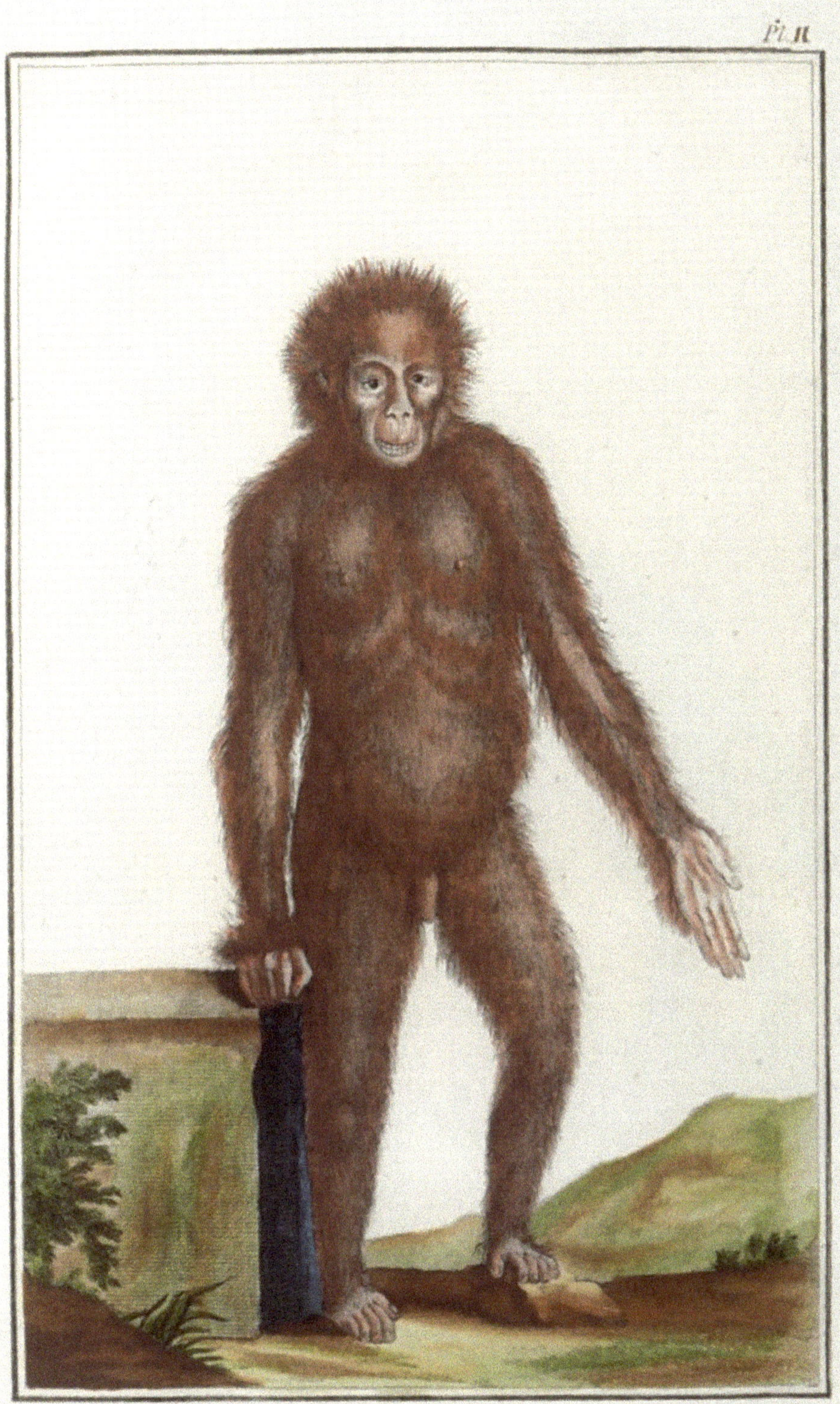

Pl. Decad. 7.

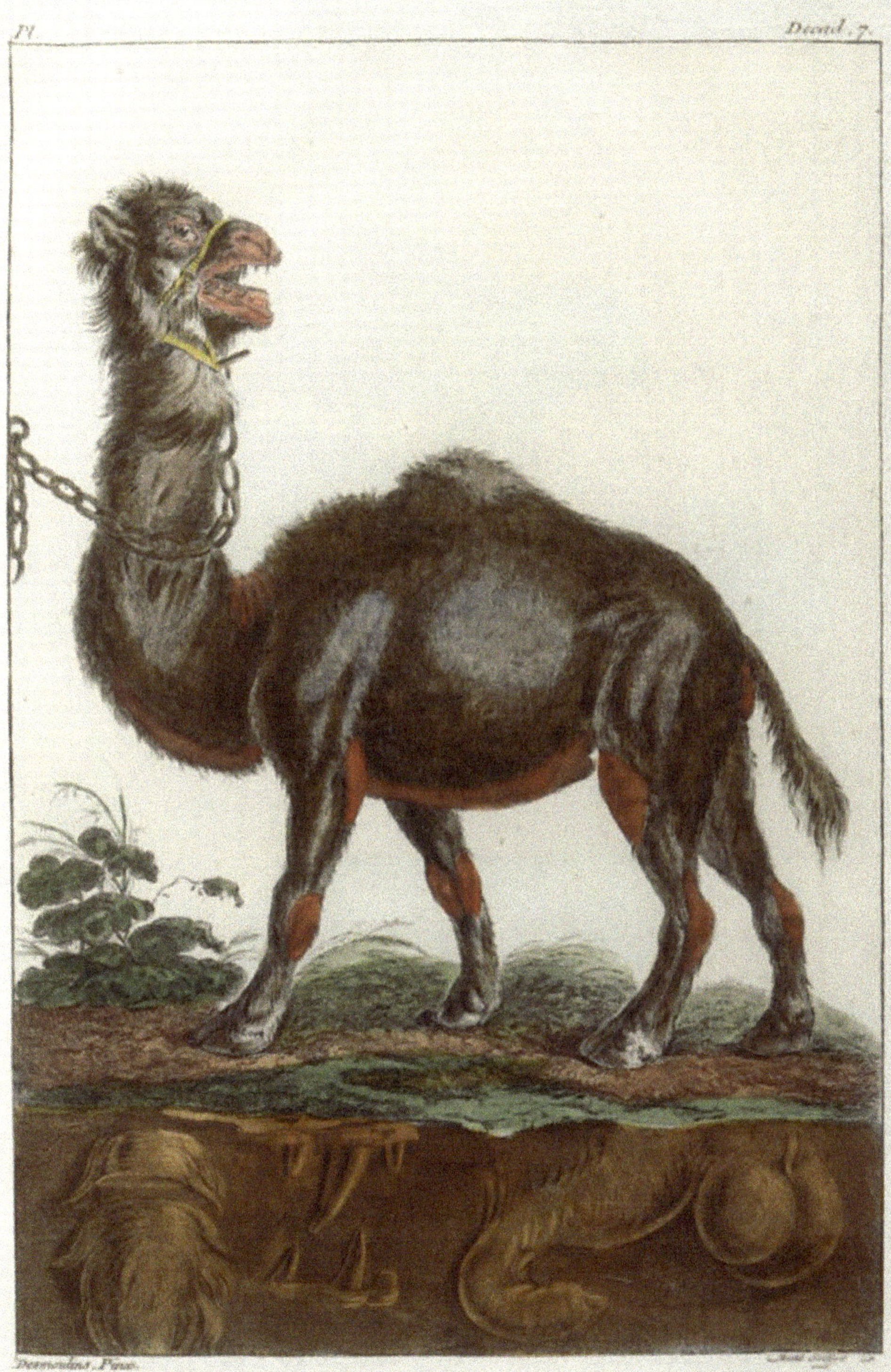

Desmoulins Pinx.

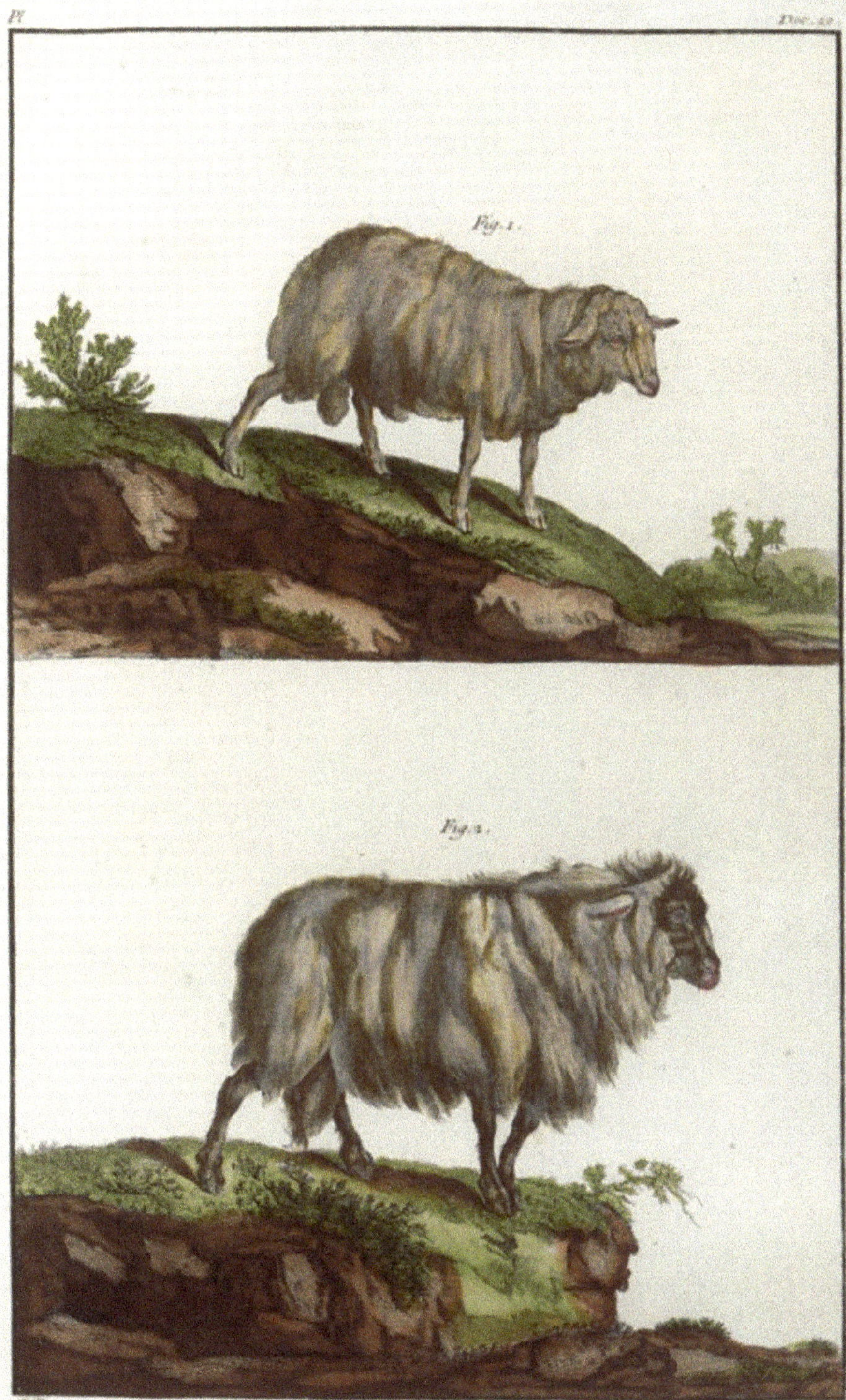
Pl.
Fig. 1.
Fig. 2.

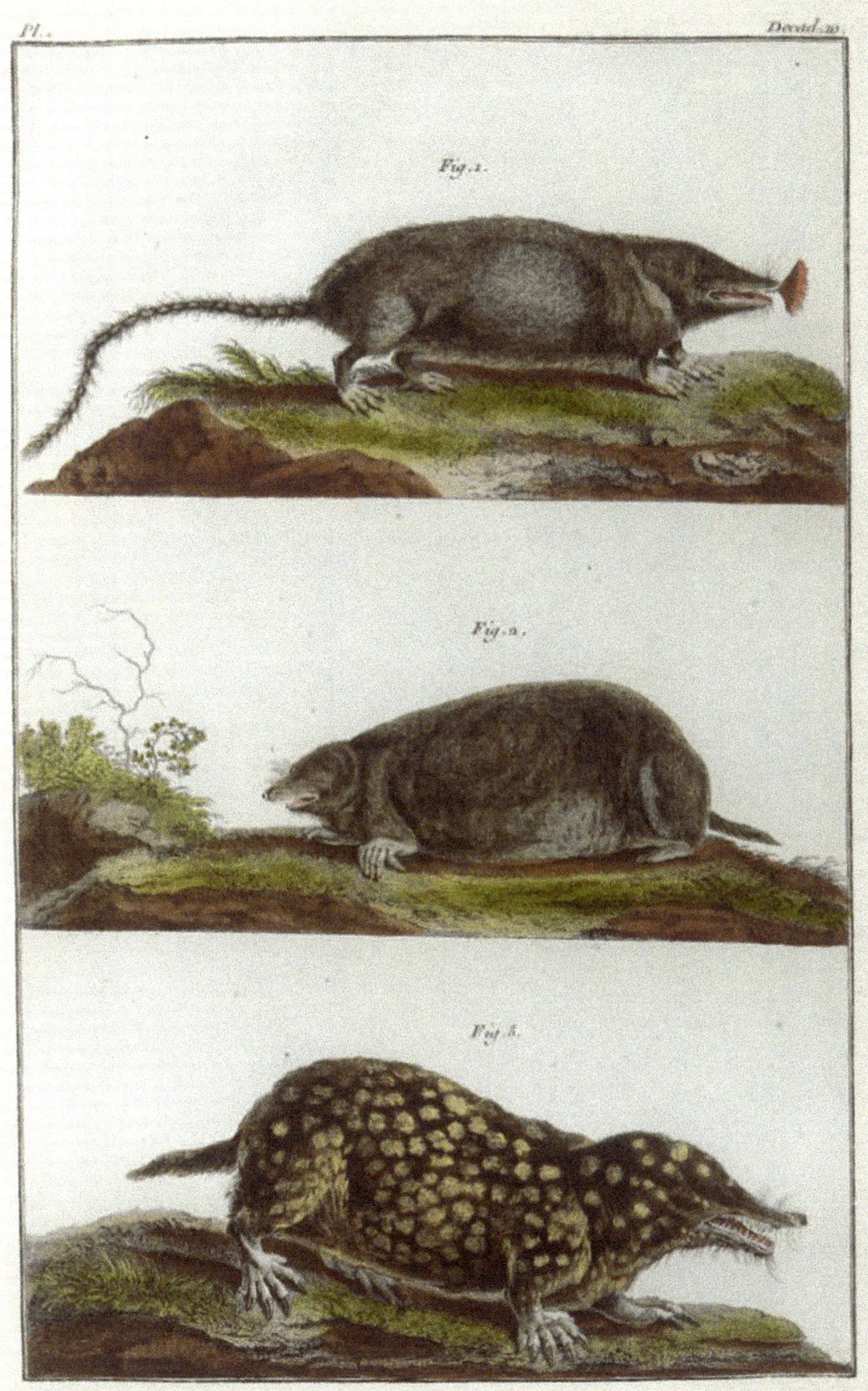
Pl. 1.
Decad. 10.
Fig. 1.
Fig. 2.
Fig. 3.

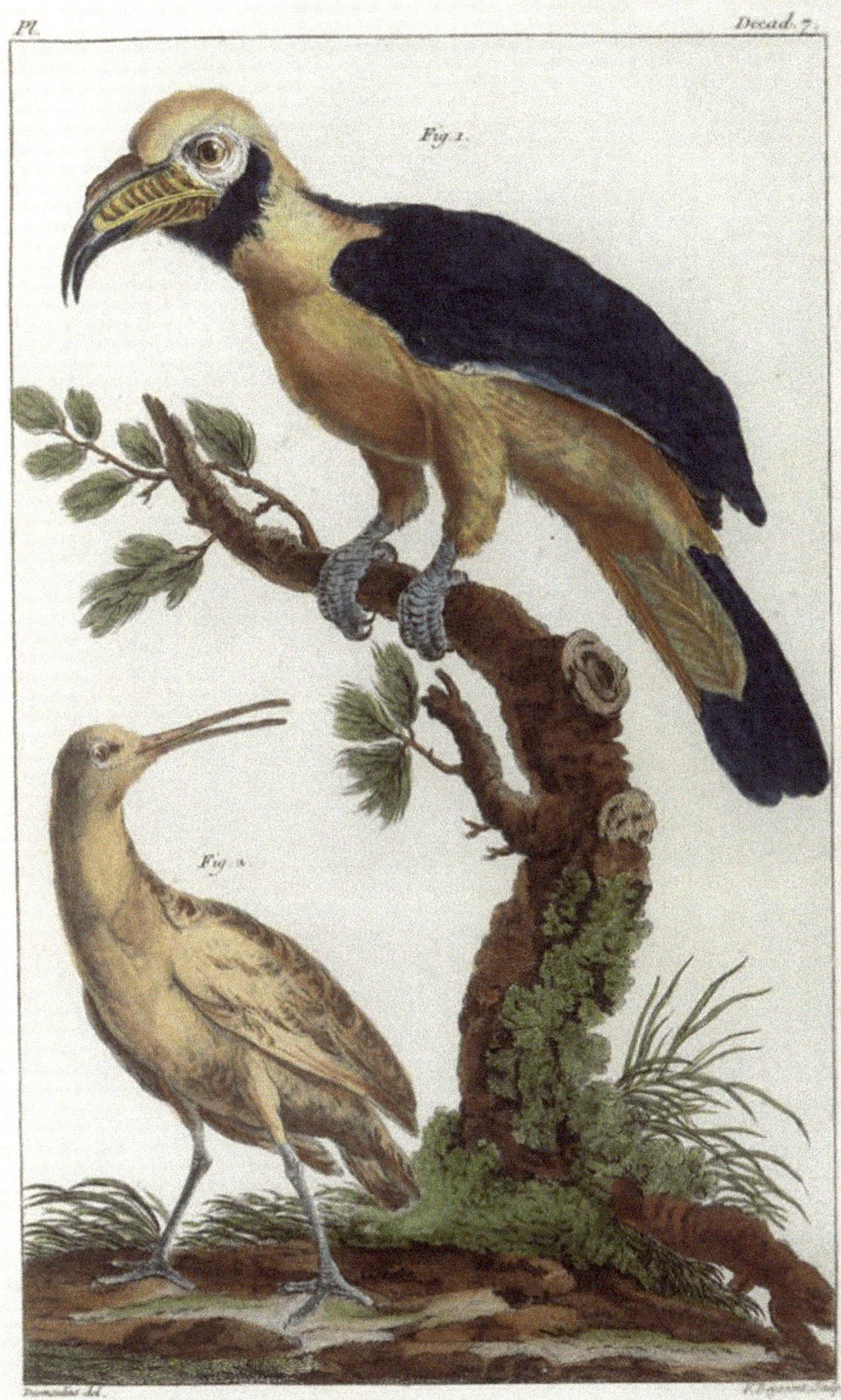
Pl.
Decad. 7.
Fig. 1.
Fig. 2.

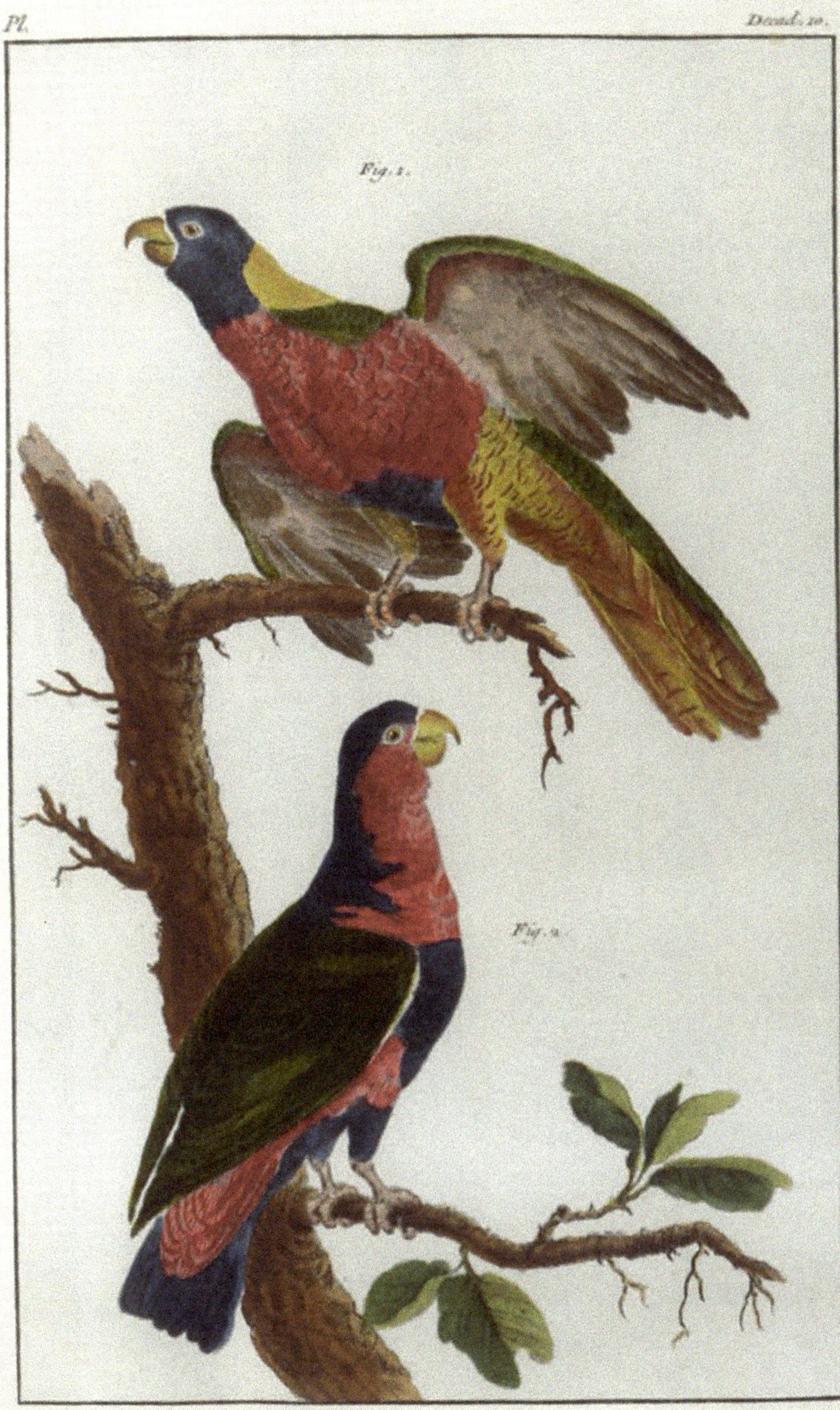

Fig. 1.
Fig. 2.

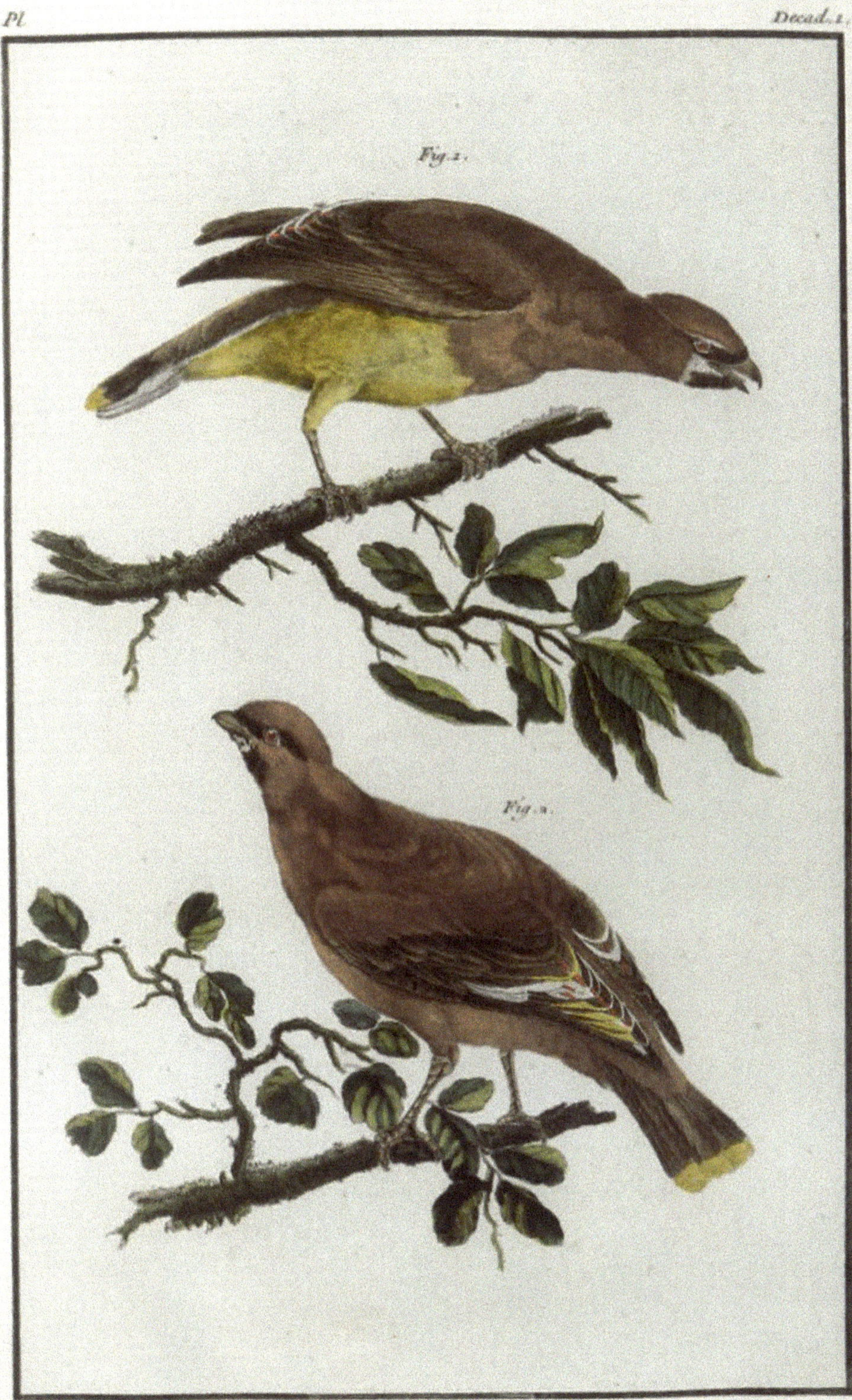

Cent. 2

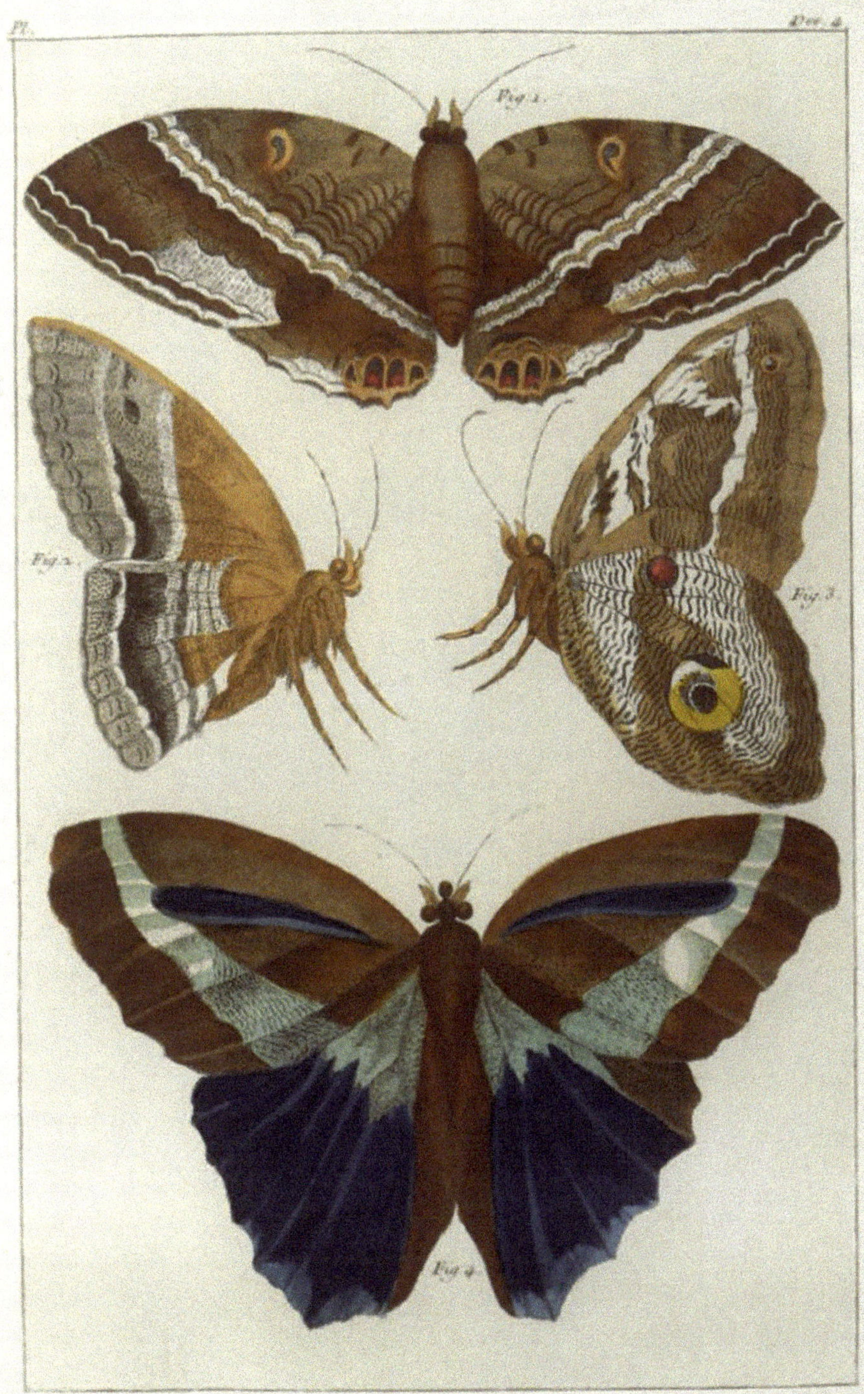
Pl.
Fig. 1.
Fig. 2.
Fig. 3.
Fig. 4.

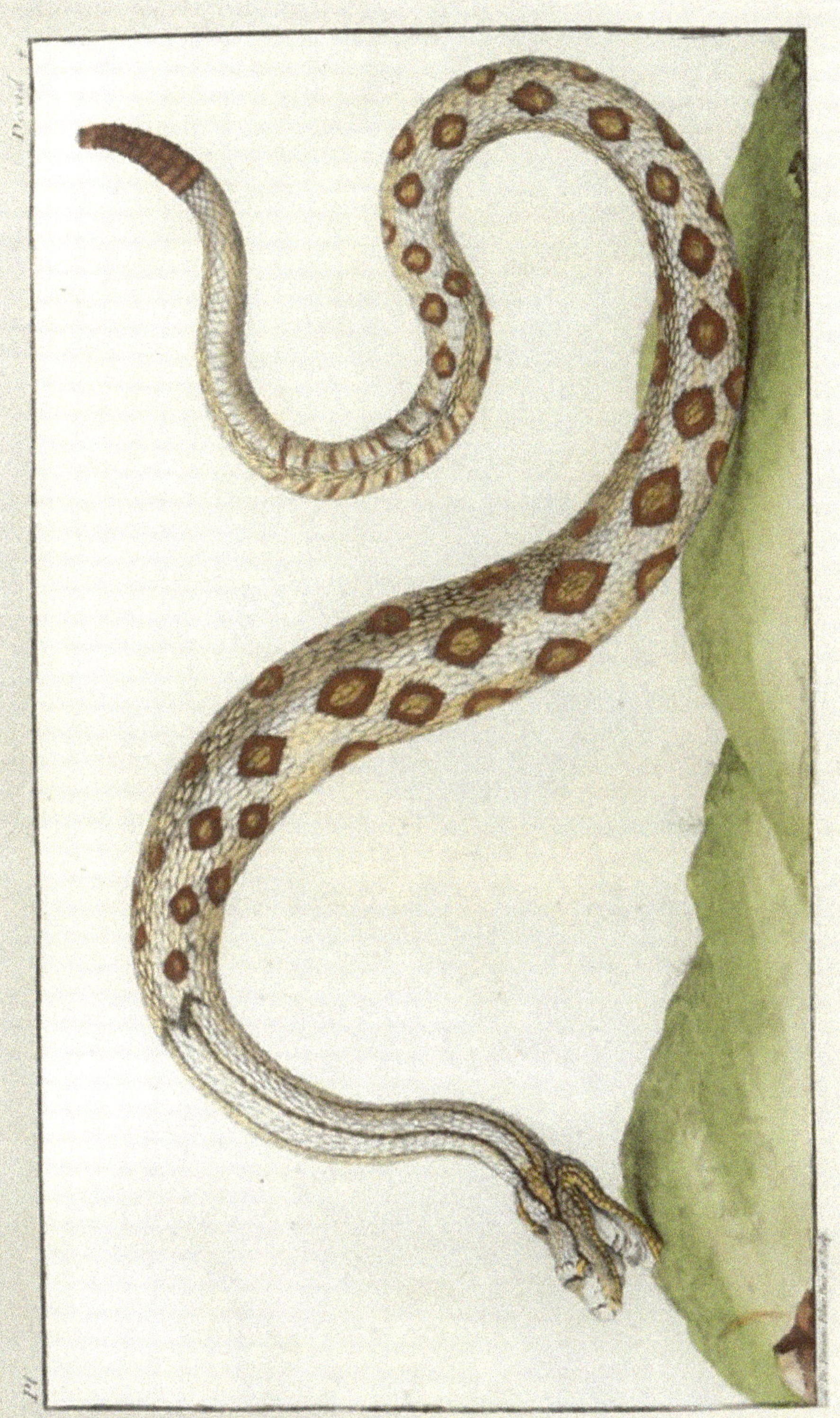

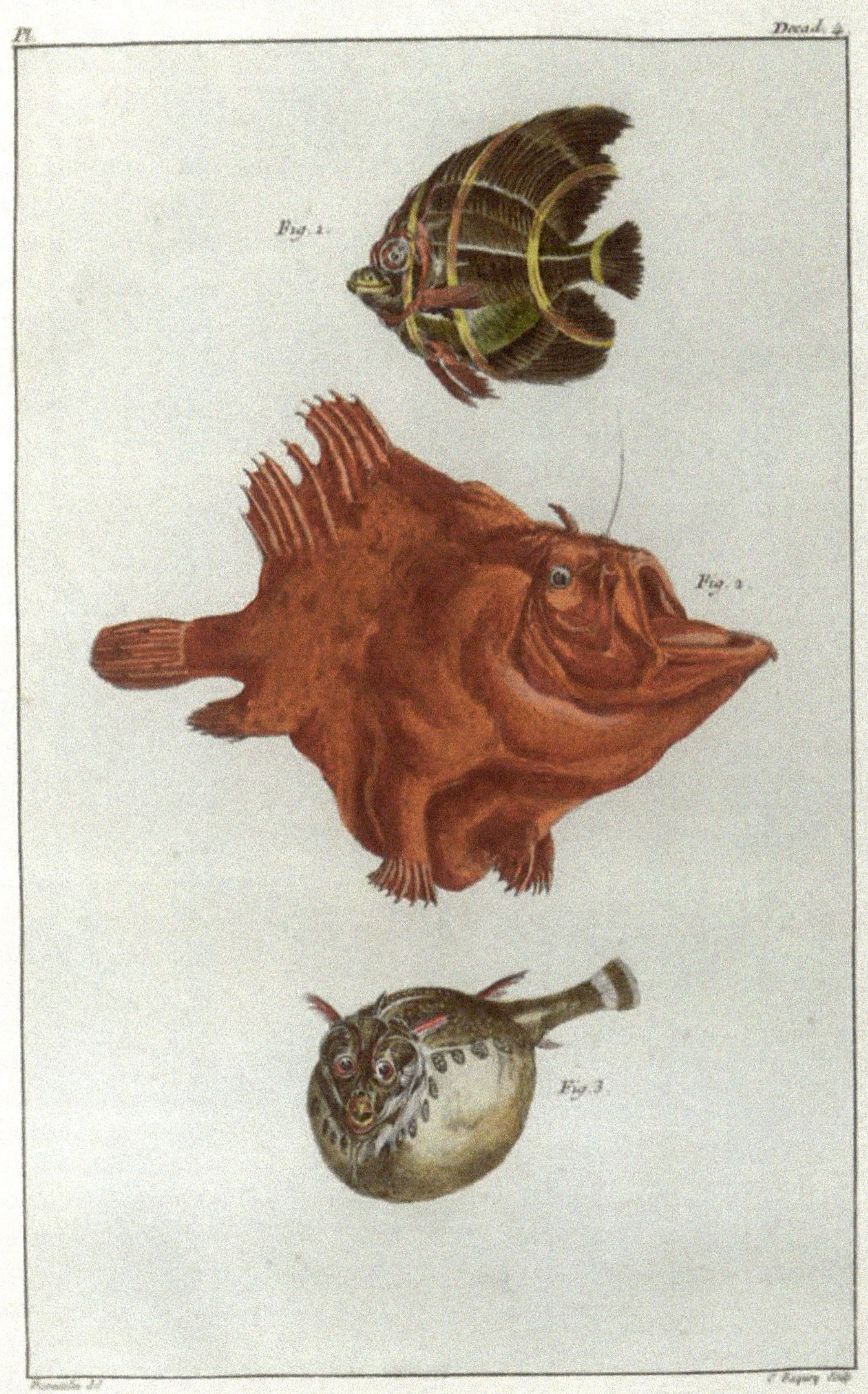

Pl.
Decad. 4.
Fig. 1.
Fig. 2.
Fig. 3

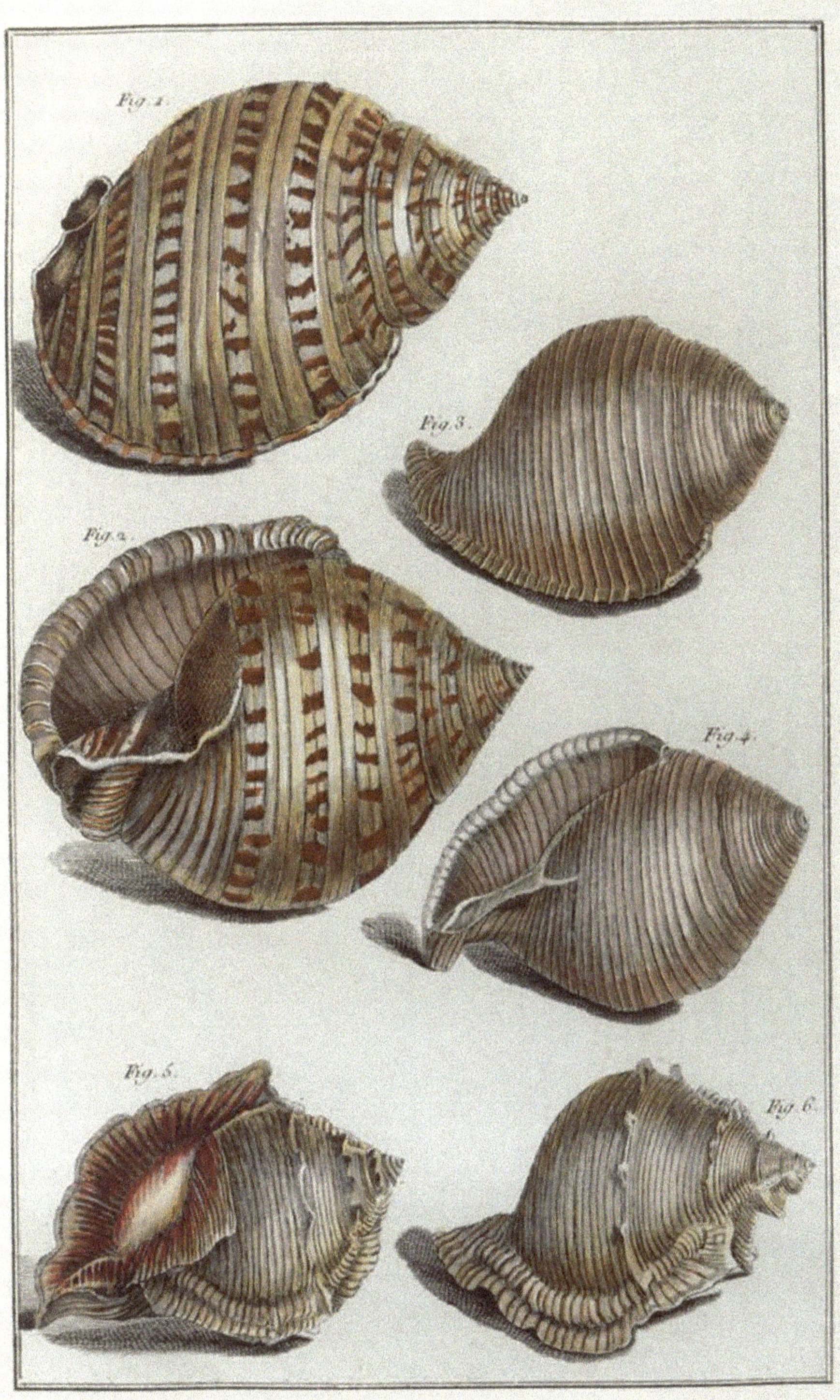
Fig. 1.
Fig. 3.
Fig. 2.
Fig. 4.
Fig. 5.
Fig. 6.

Pl.

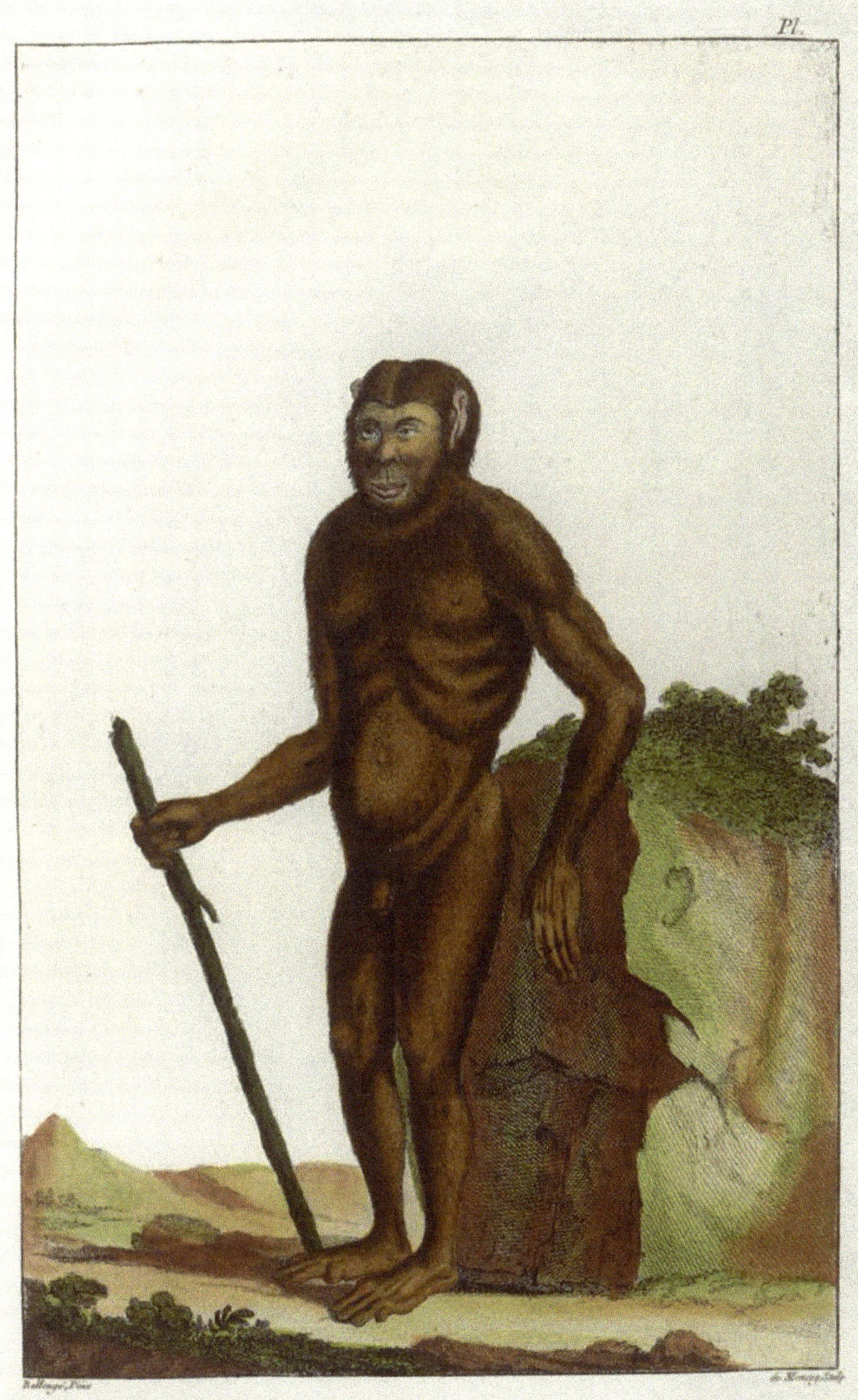

Pl.

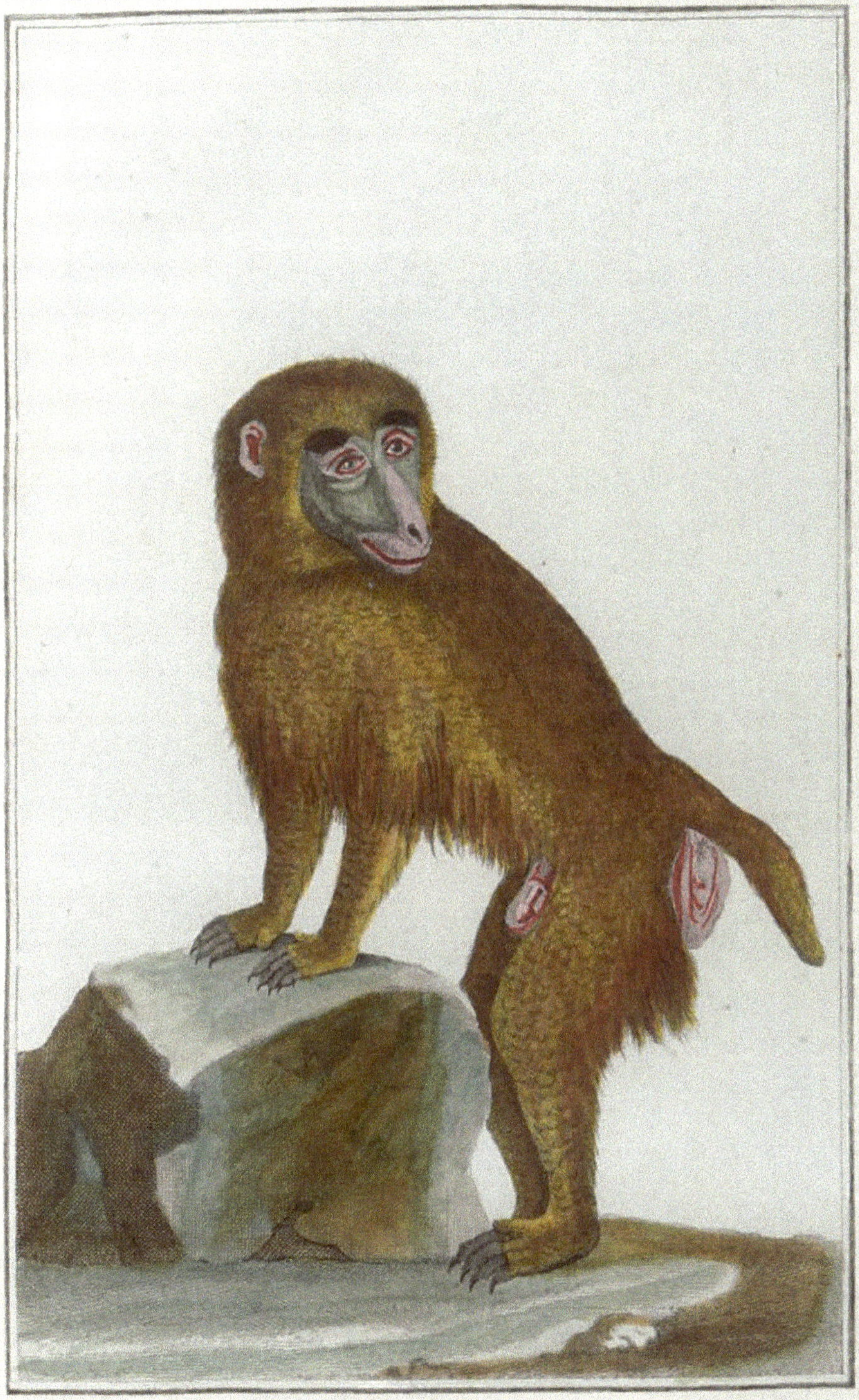

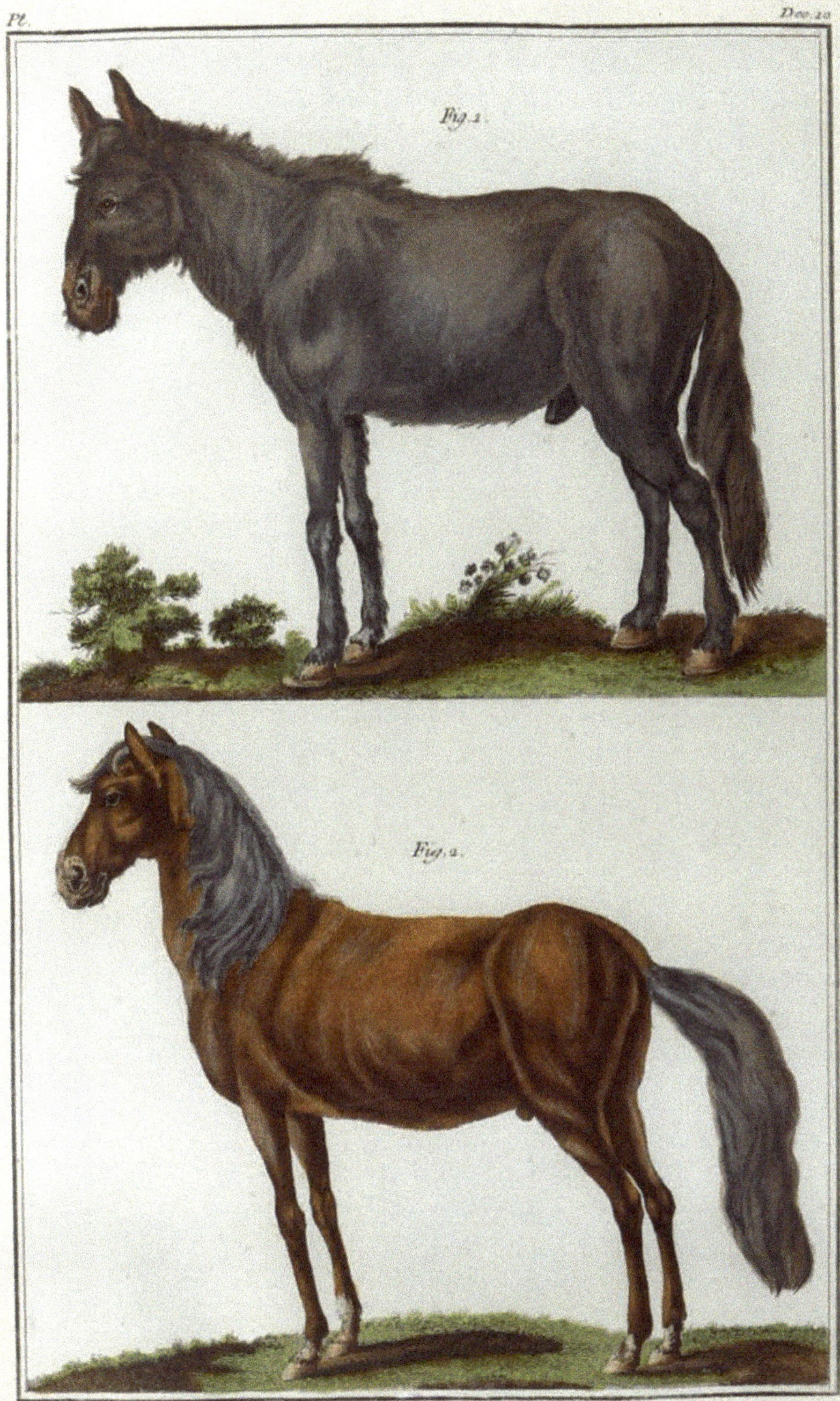
Fig.1.
Fig.2.

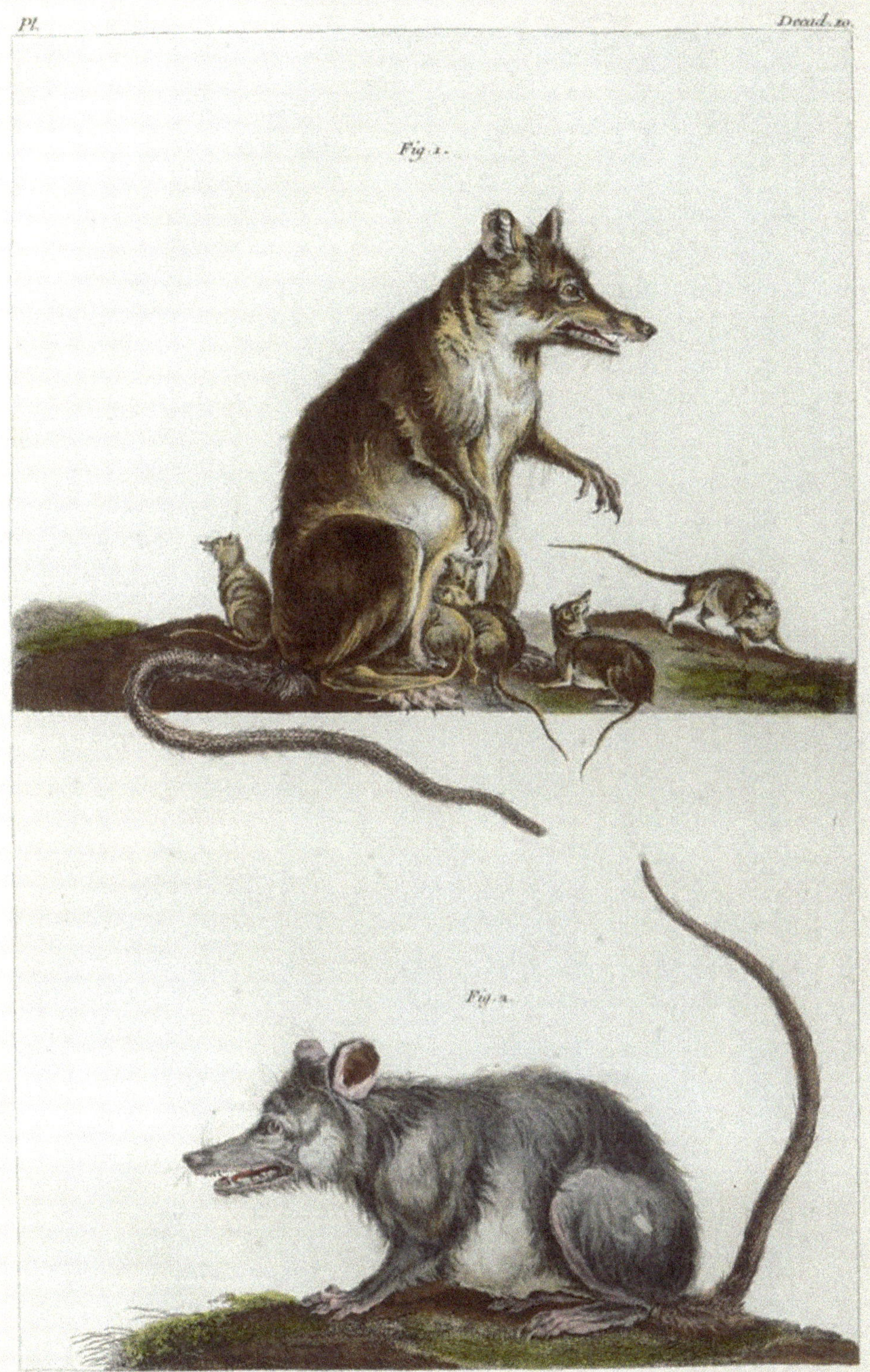
Pl.
Decad. 10.
Fig. 1.
Fig. 2.

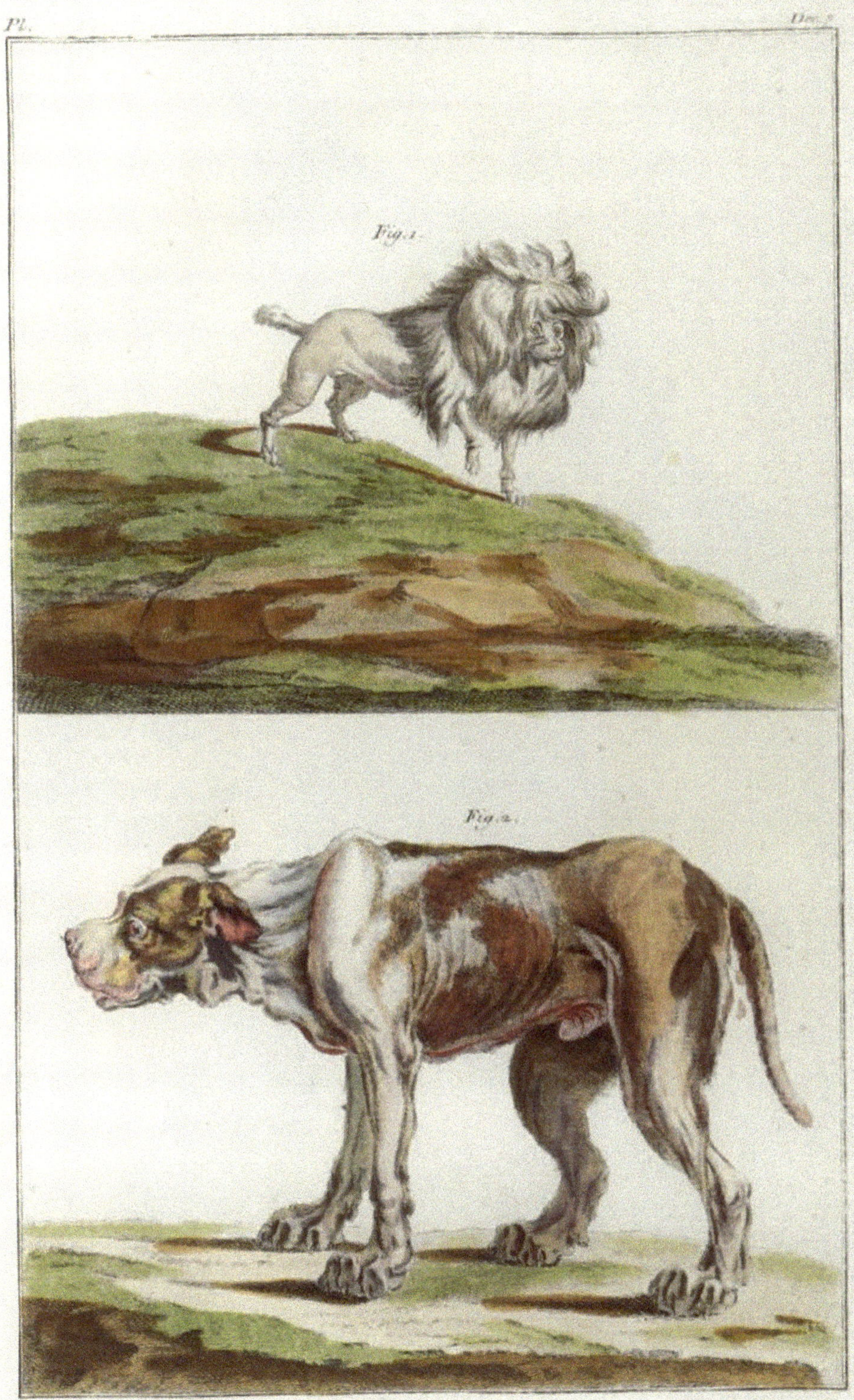
Pl.
Fig. 1
Fig. 2
Cent. 2

Pl. Decad. 1.

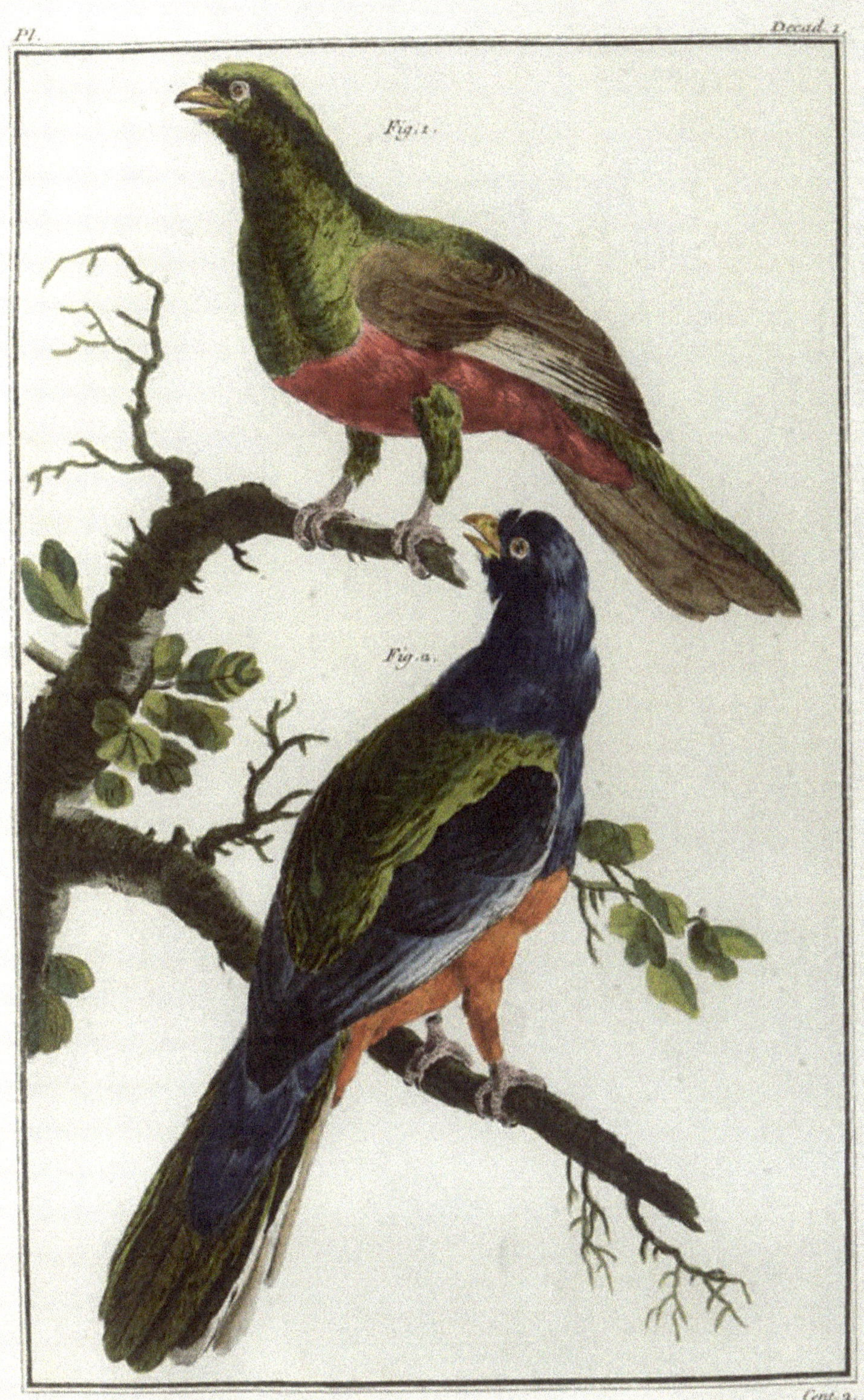

Cent. 2.

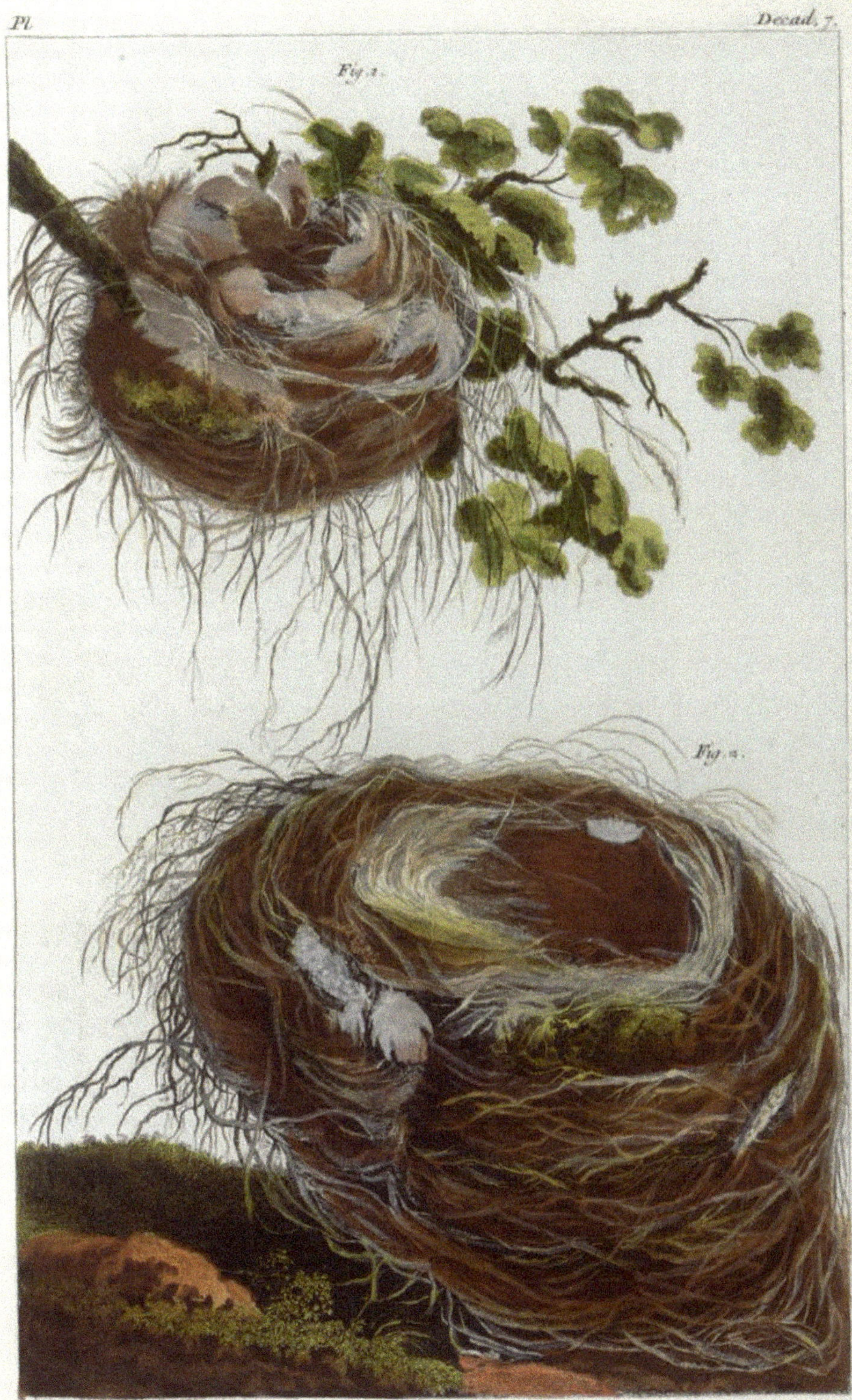
Pl
Decad. 7.
Fig. 1.
Fig. 2.
Desmoulins, pinx et Sulp

Pl.

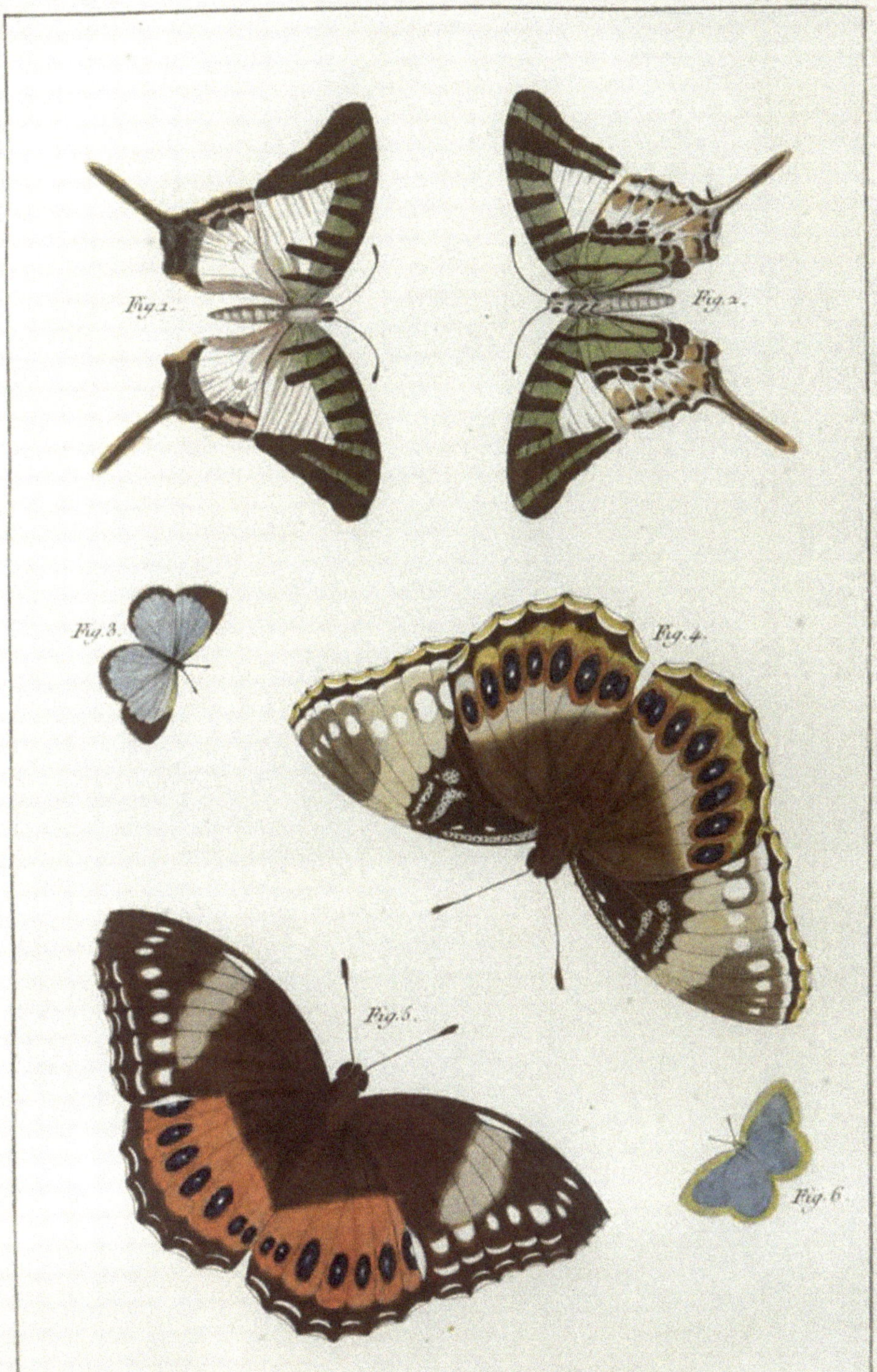

Fig. 1. Fig. 2.

Fig. 3. Fig. 4.

Fig. 5.

Fig. 6.

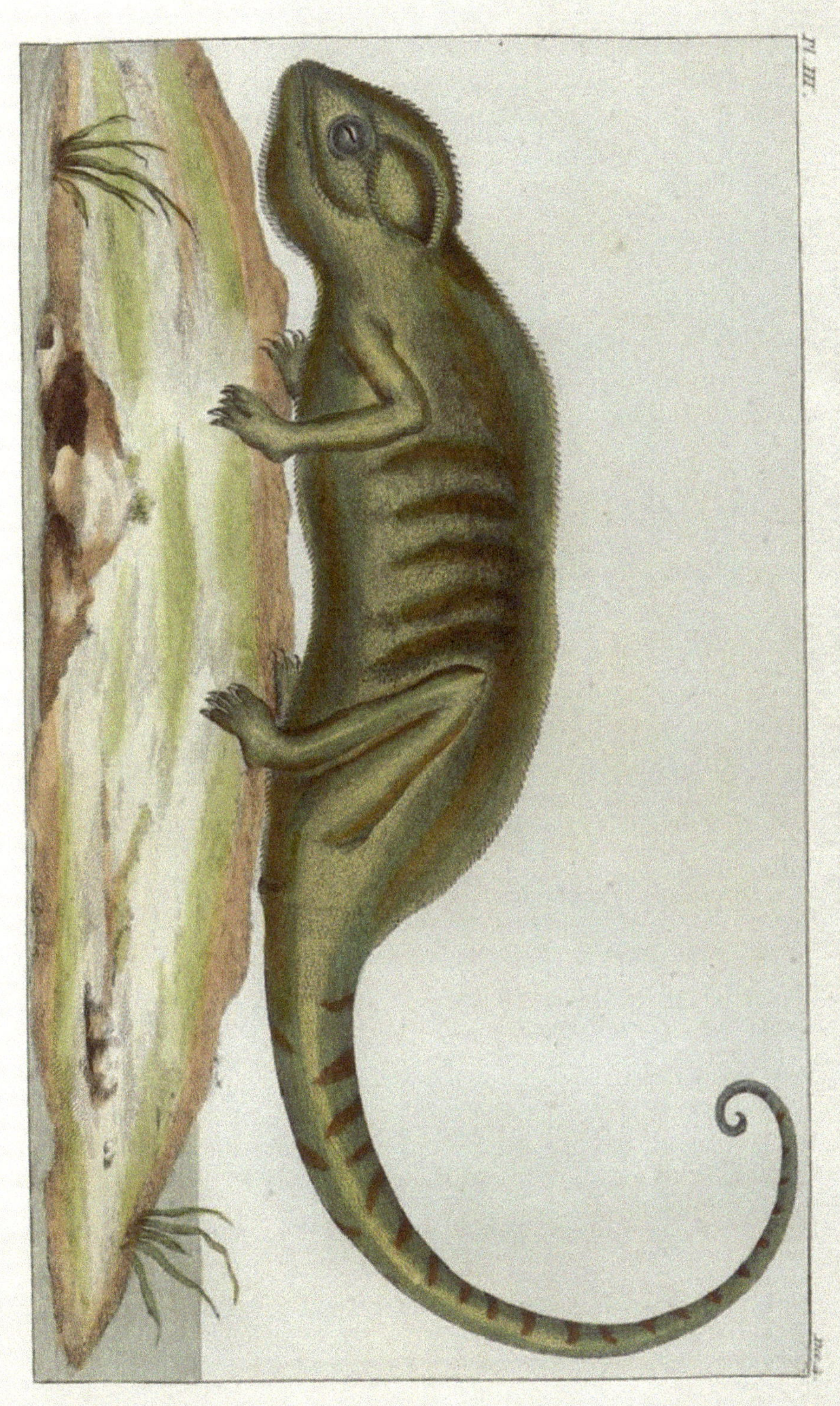
Pl. III.

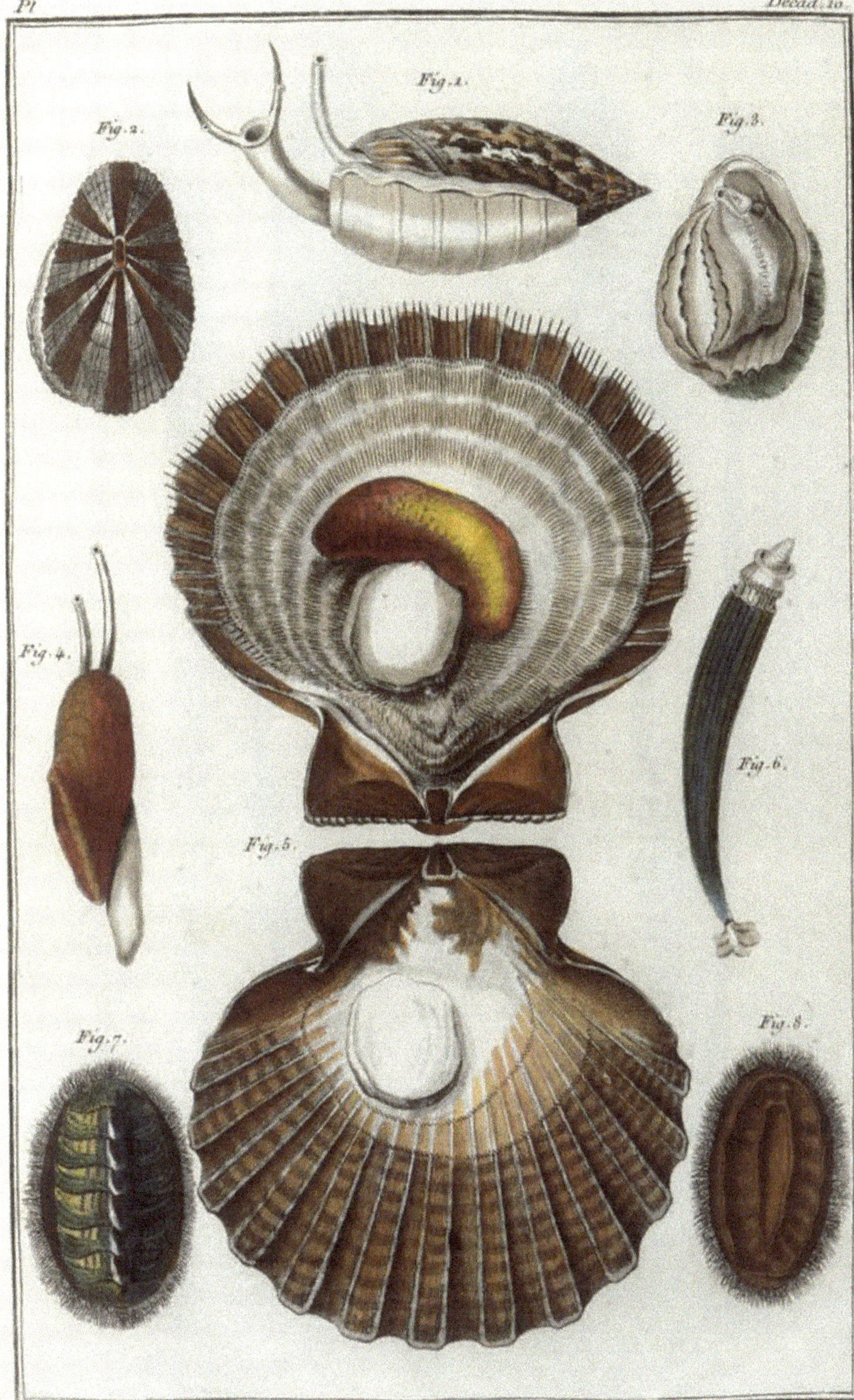
Pl
Decad. 10.
Fig. 1.
Fig. 2.
Fig. 3.
Fig. 4.
Fig. 5.
Fig. 6.
Fig. 7.
Fig. 8.

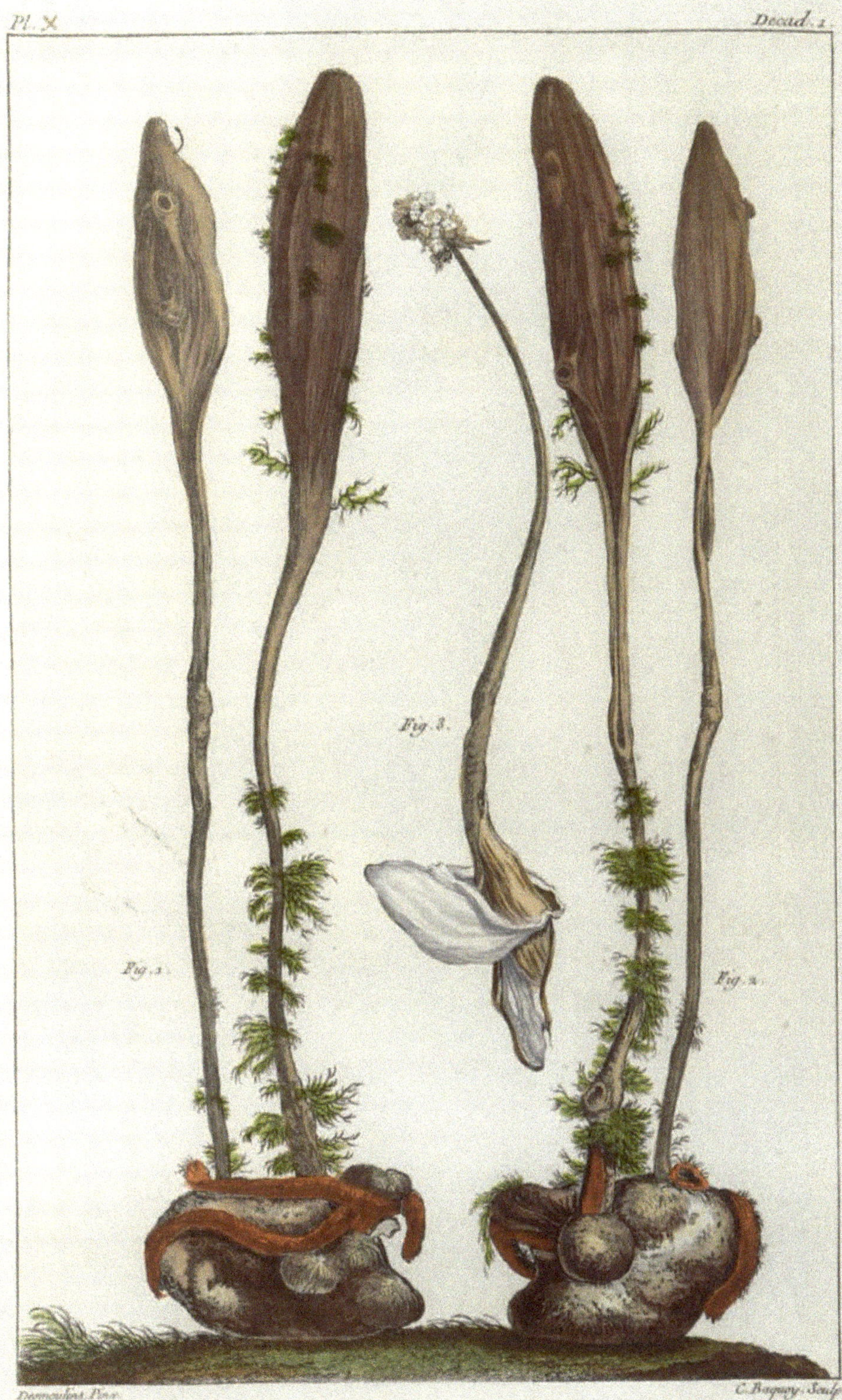
Pl. X
Decad. 1.
Fig. 3.
Fig. 1.
Fig. 2.
Desmoulins Pinx.
C. Baquoy Sculp.

Pl *Decad. 4.*

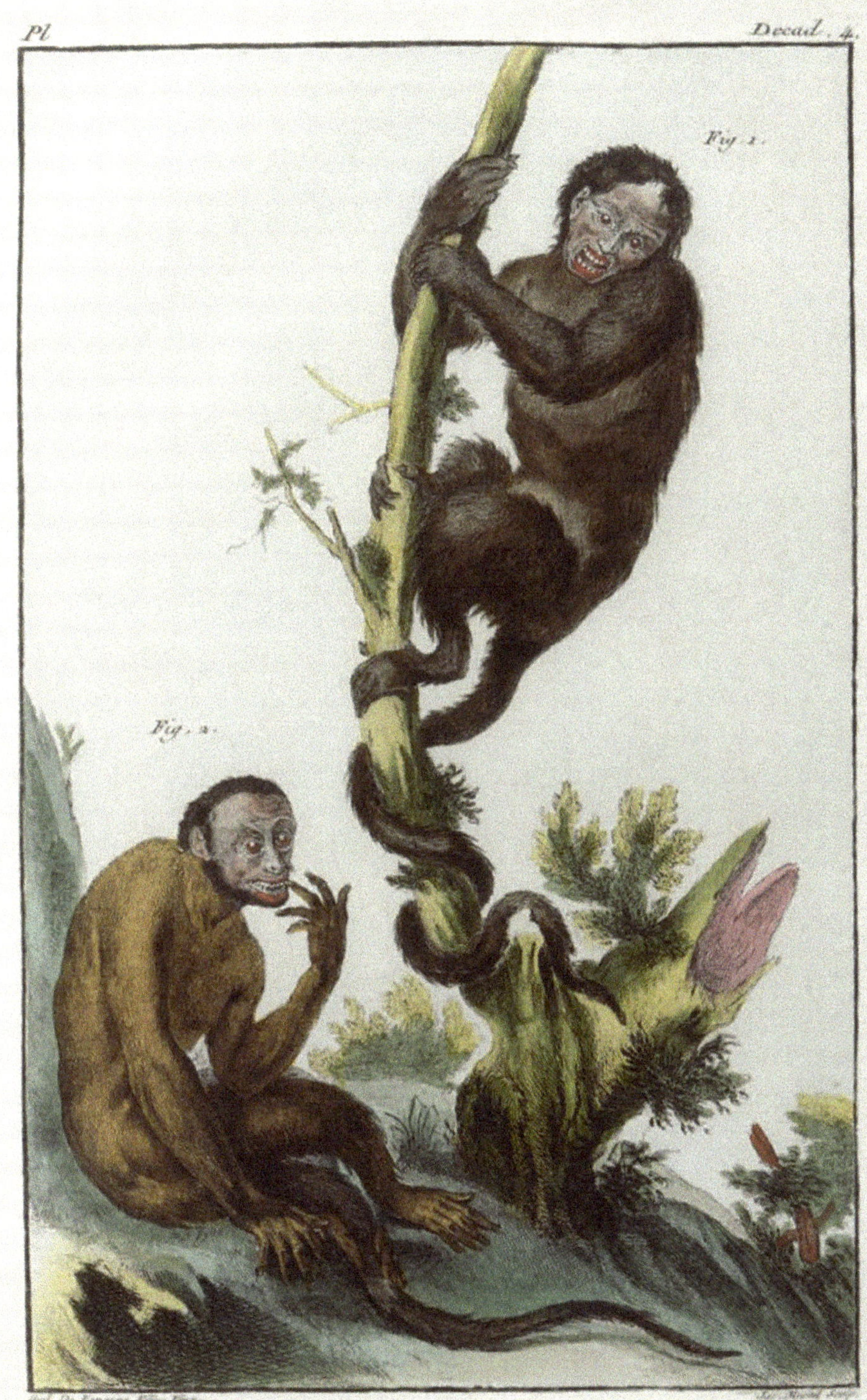

Pl. XV.

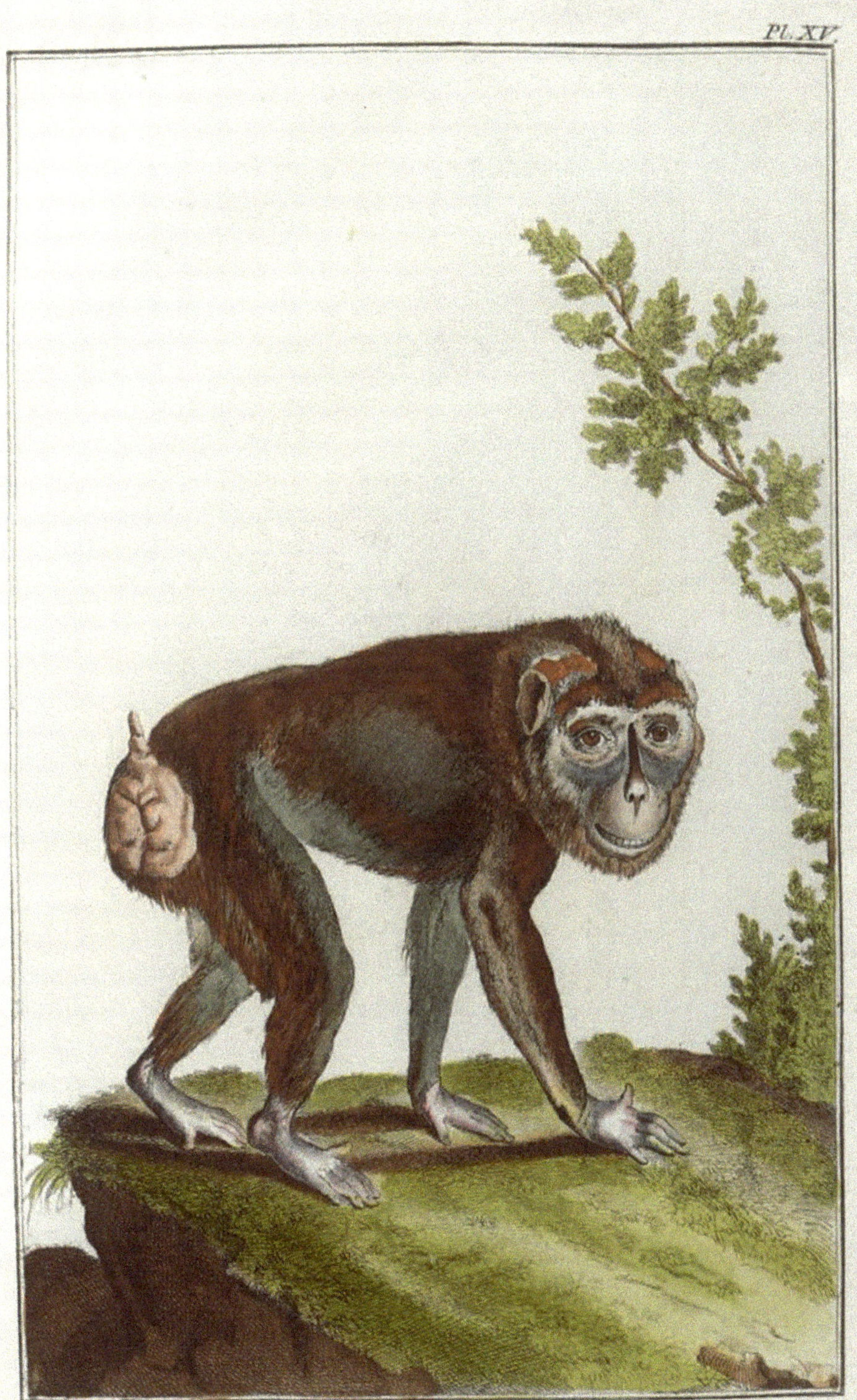

Pl. Decad. 1.

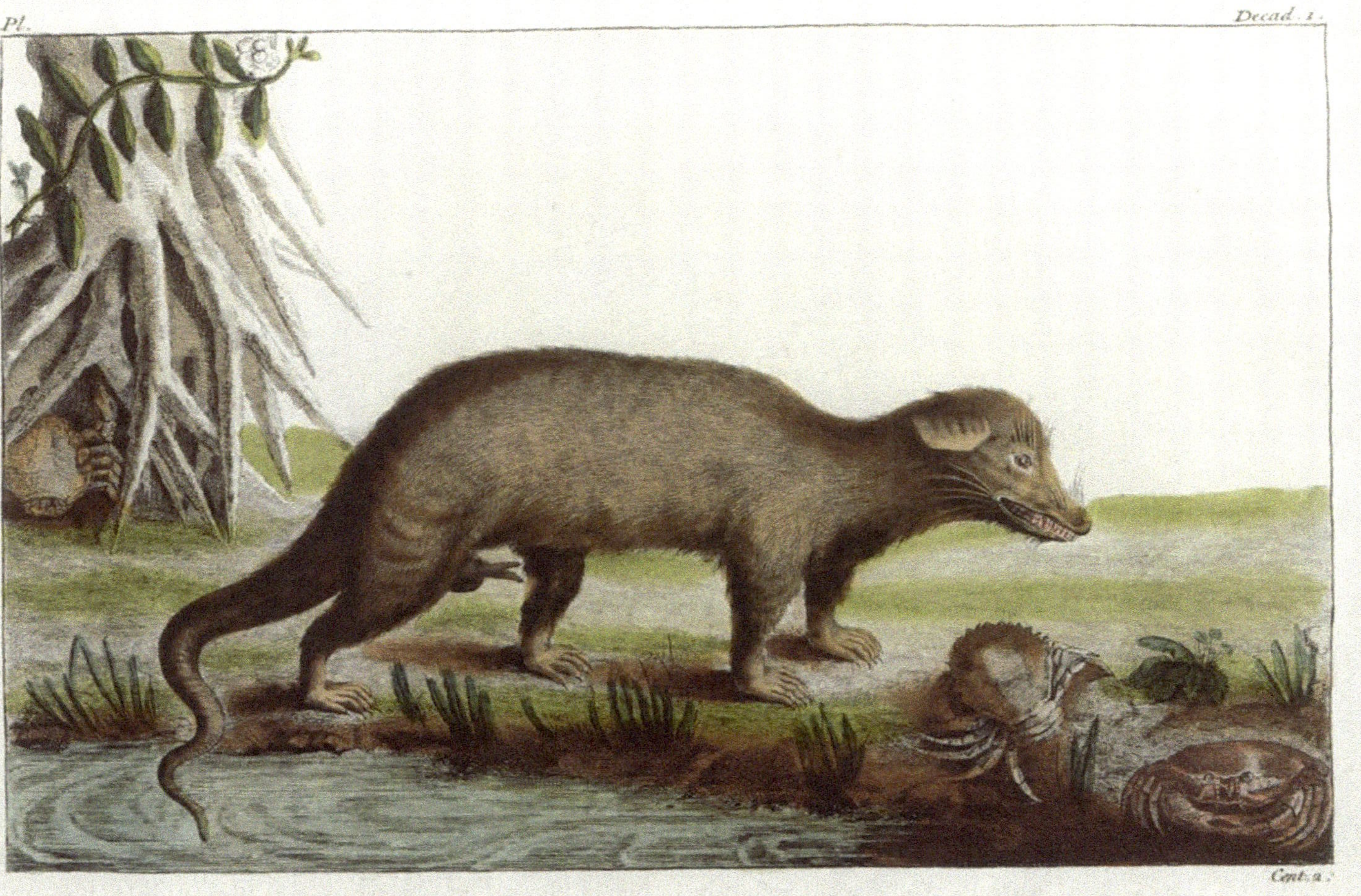

Cent. 2.

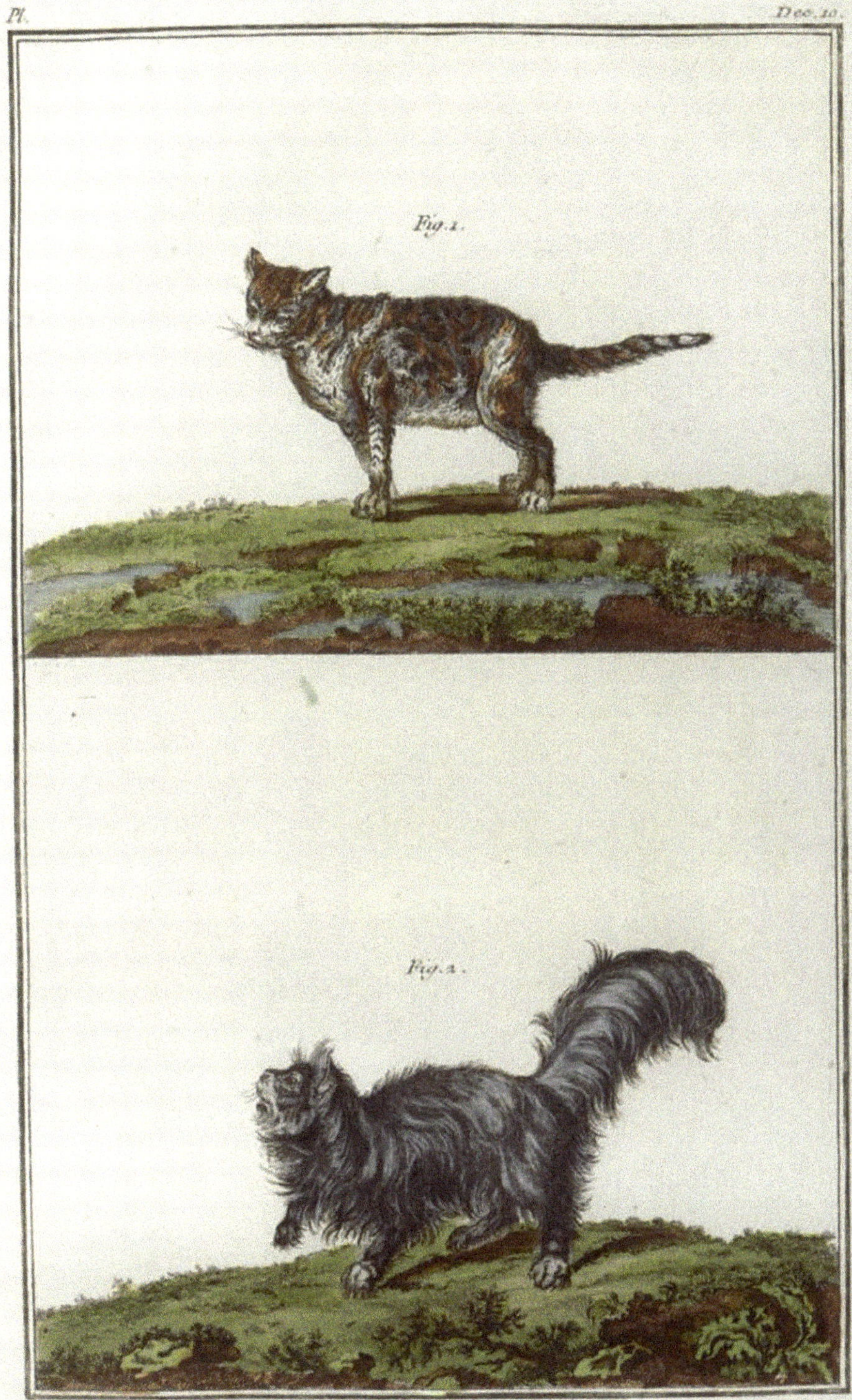
Pl.
Dec. 10.
Fig. 1.
Fig. 2.
Cent. 2

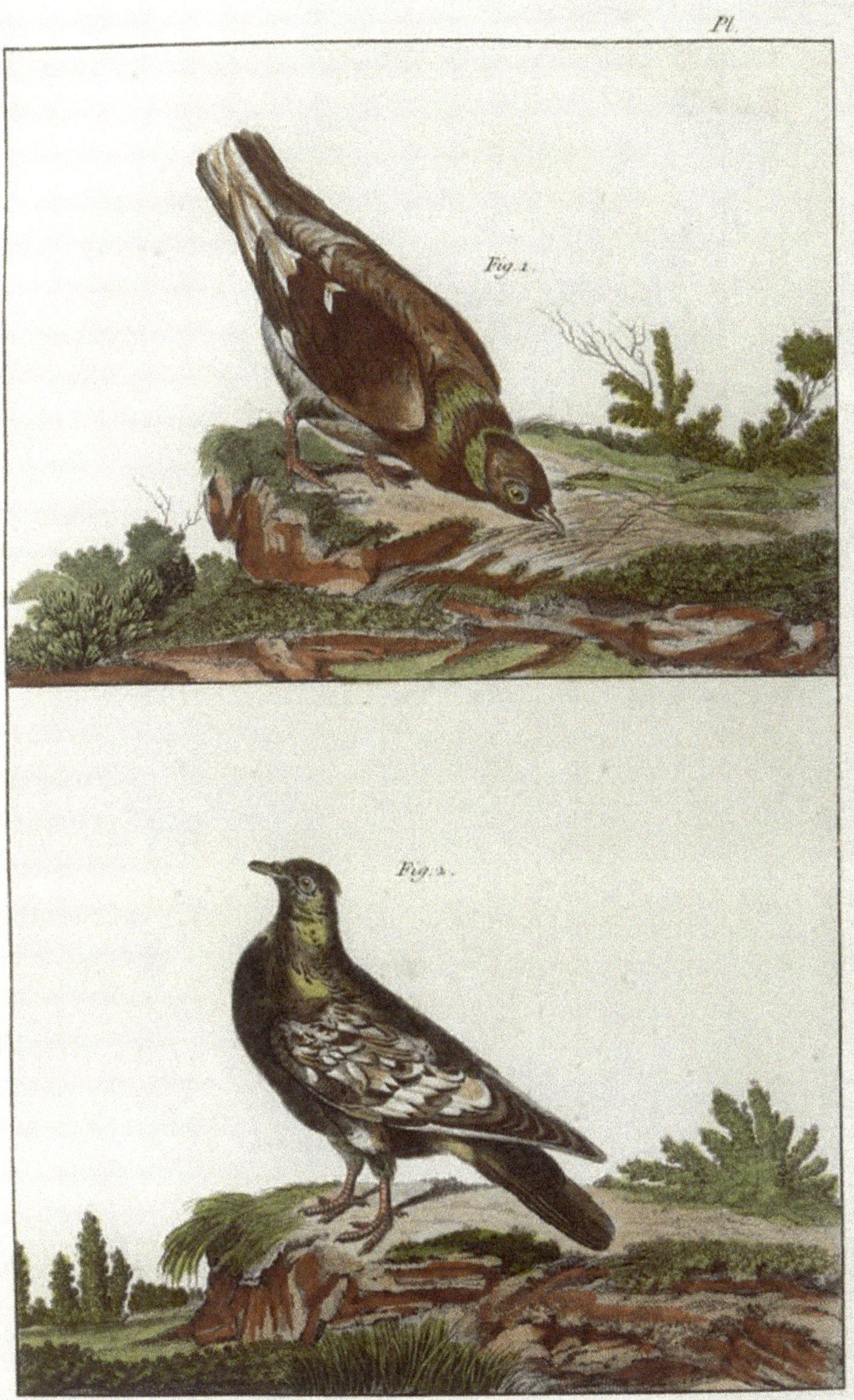
Pl.
Fig. 1.
Fig. 2.

Pl. Decad. I.

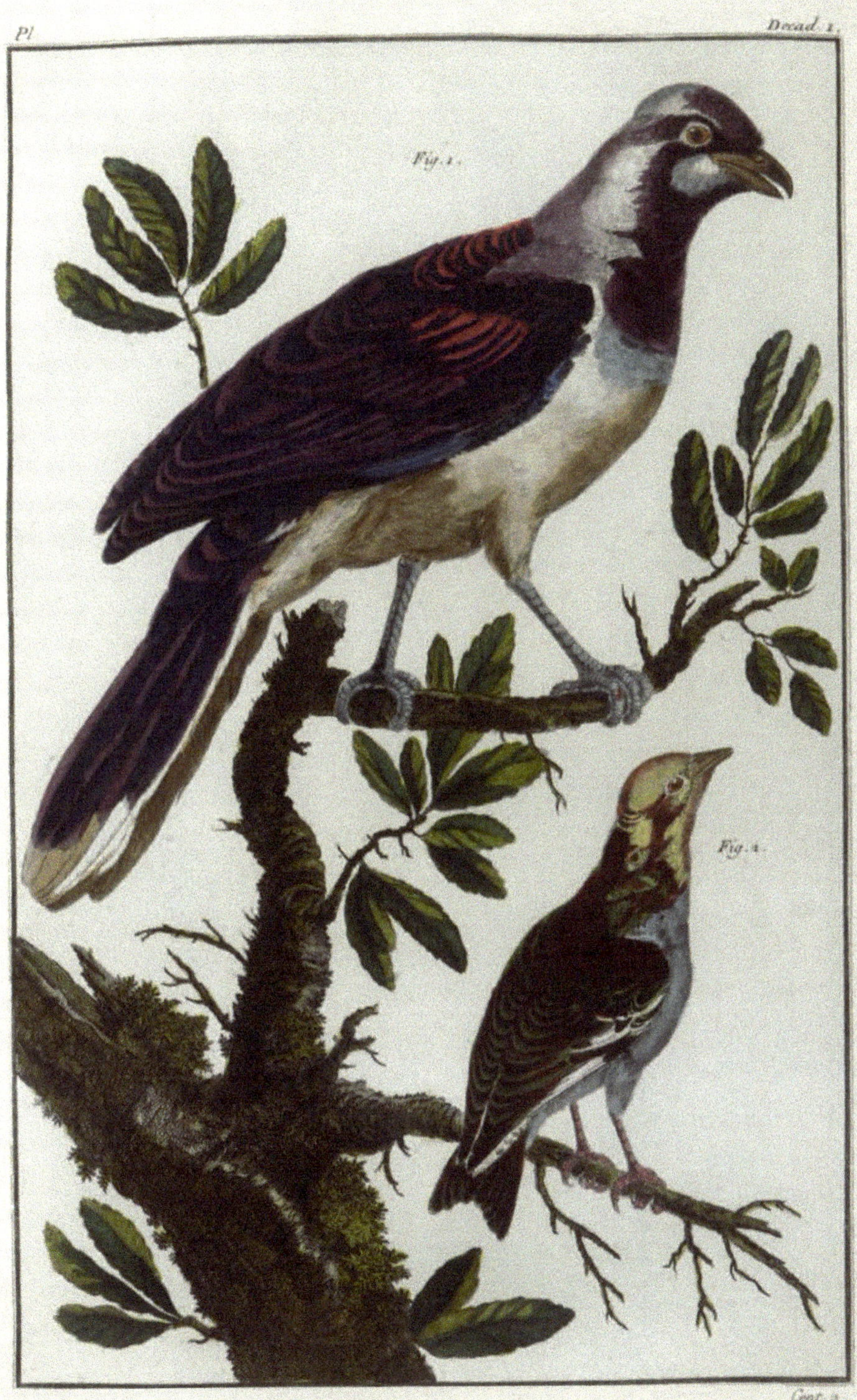

Cent. a.

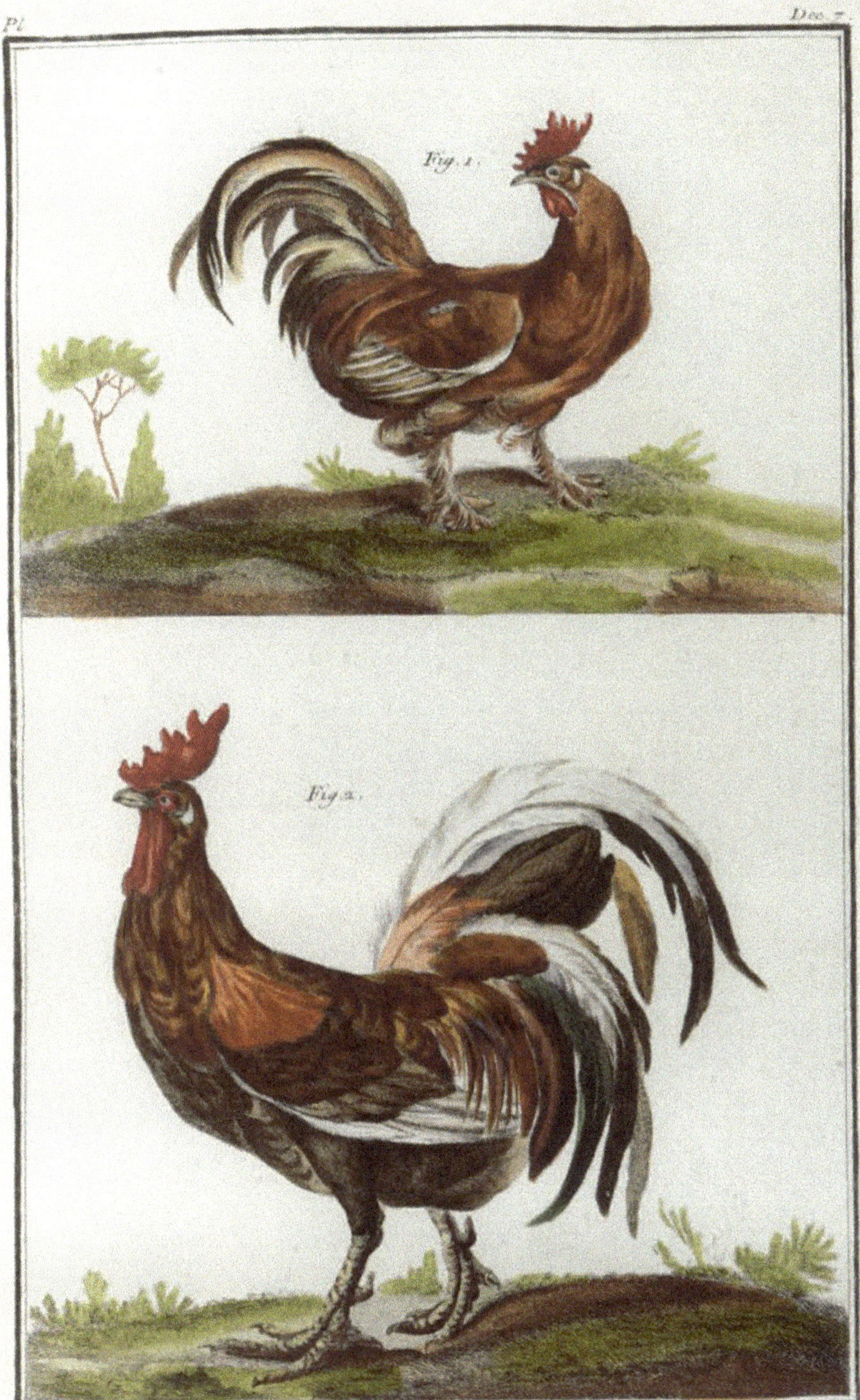
Fig. 1.
Fig. 2.

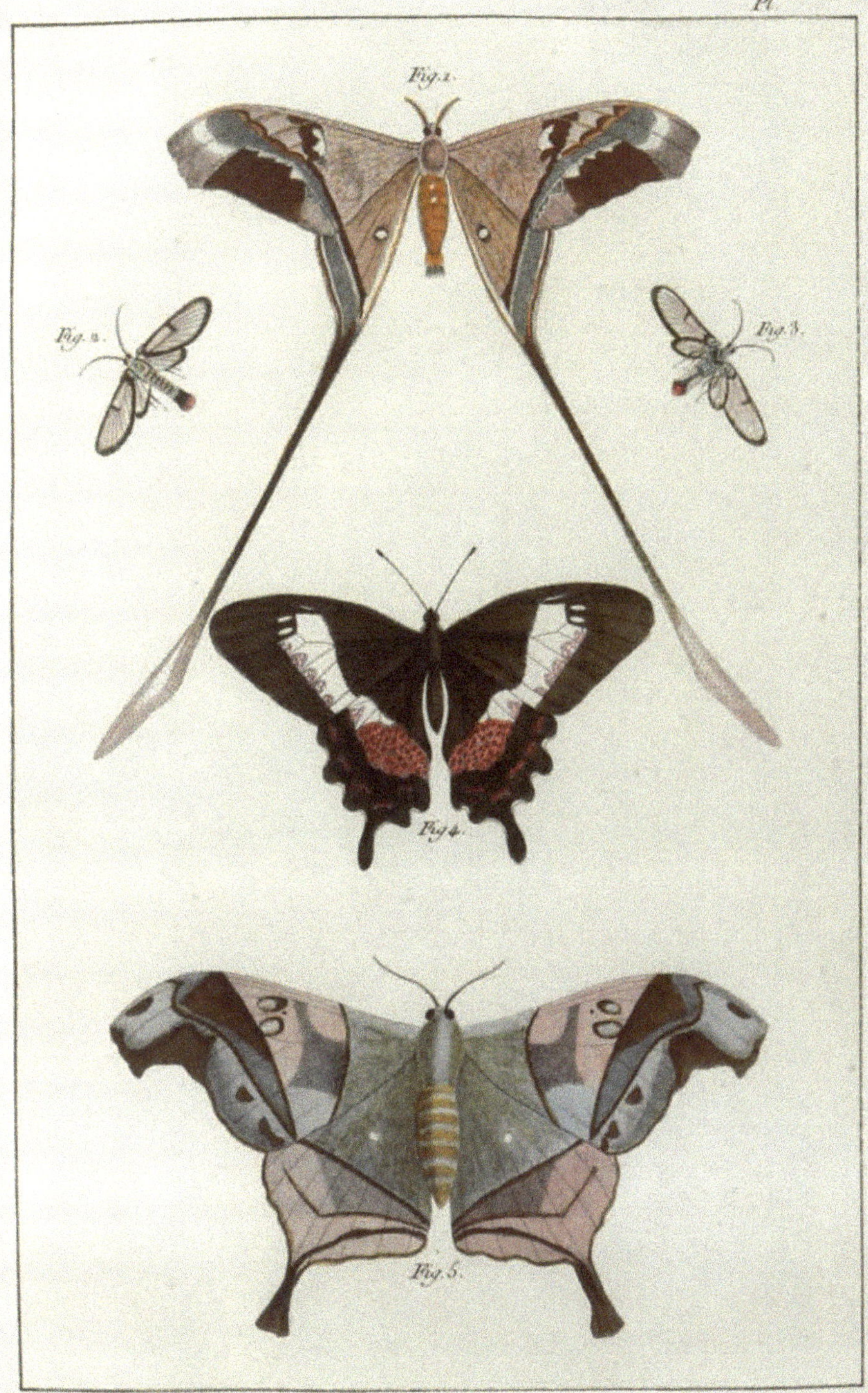
Pl.
Fig. 1.
Fig. 2.
Fig. 3.
Fig. 4.
Fig. 5.

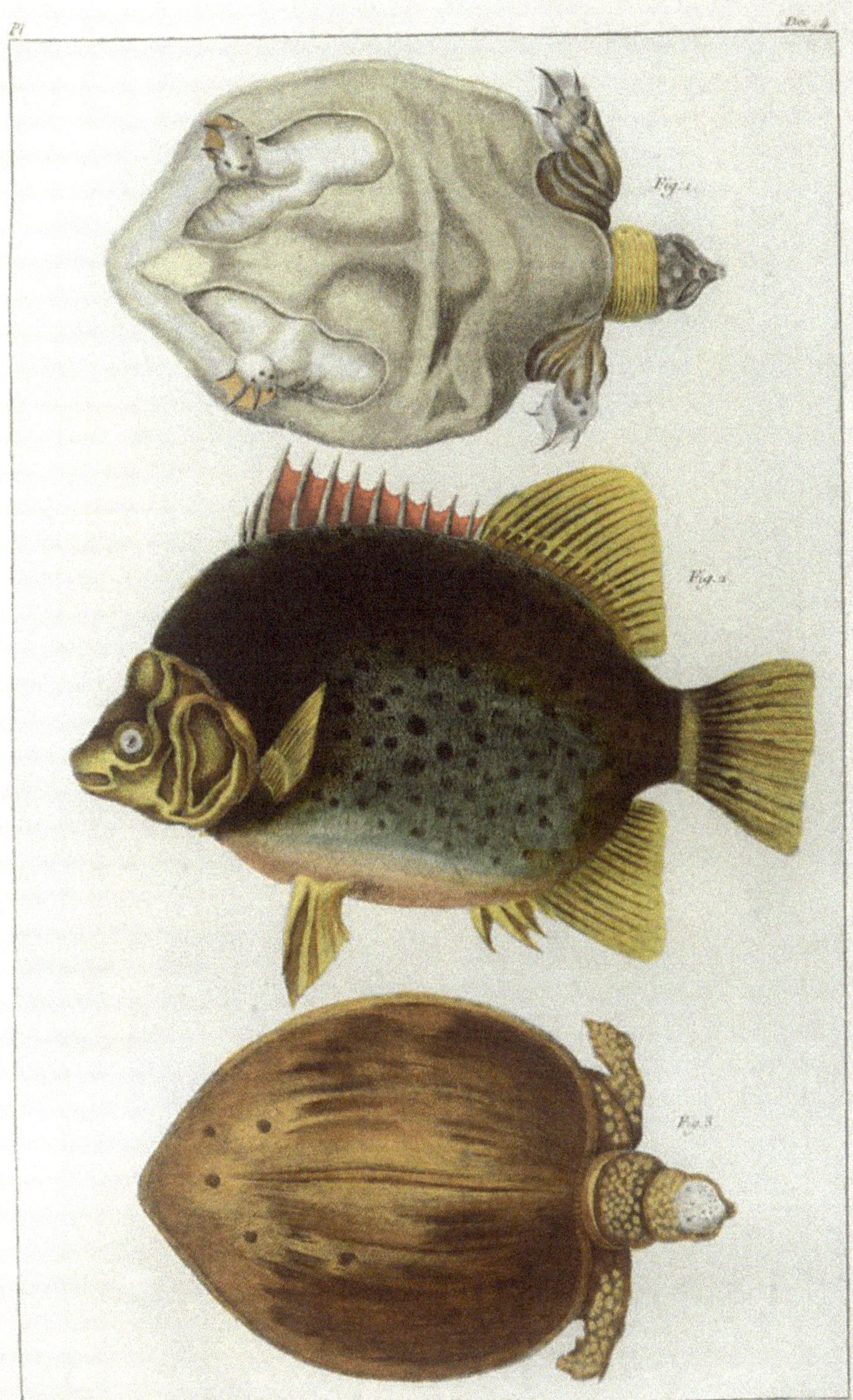

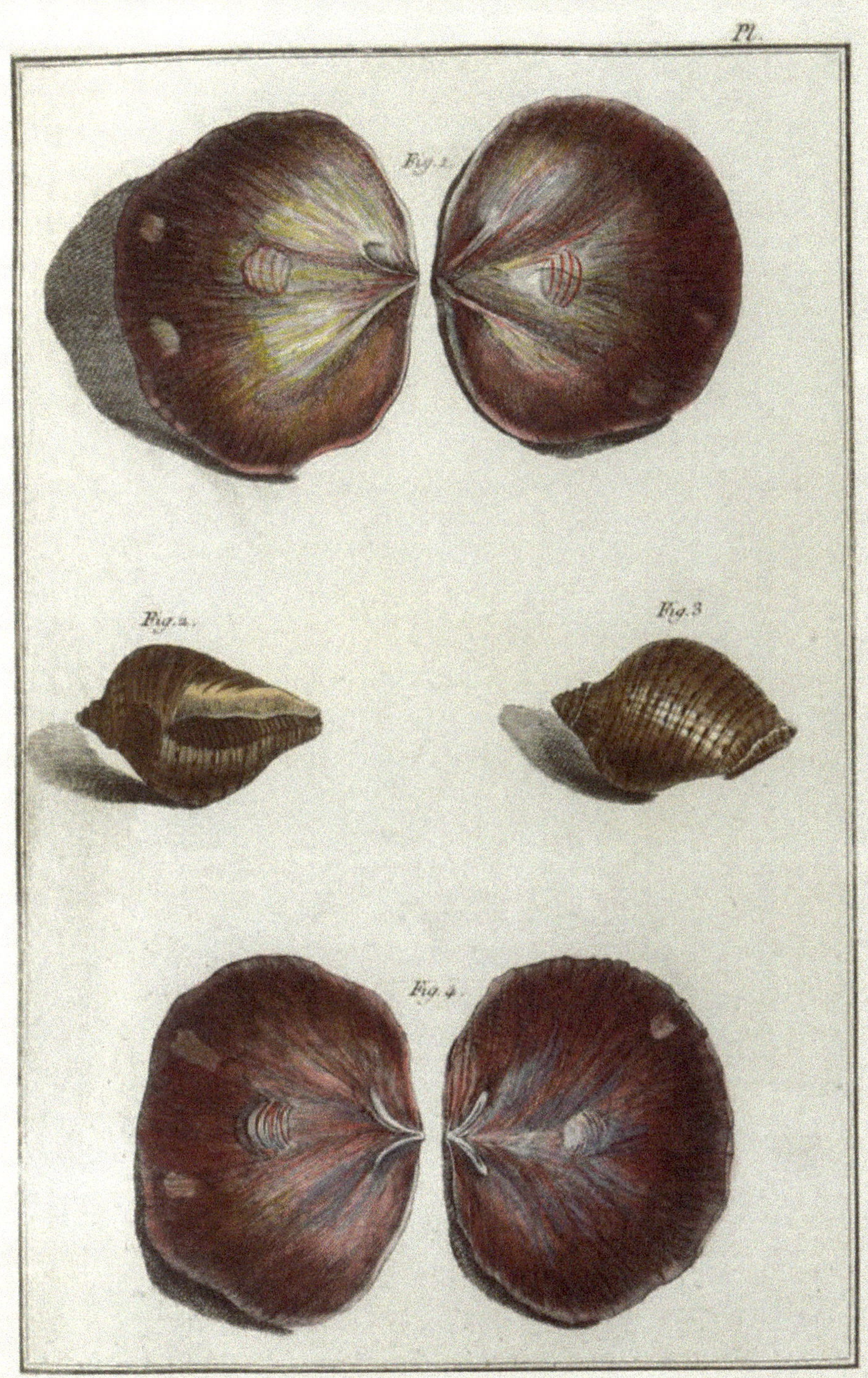
Pl.
Fig. 1.
Fig. 2.
Fig. 3
Fig. 4.

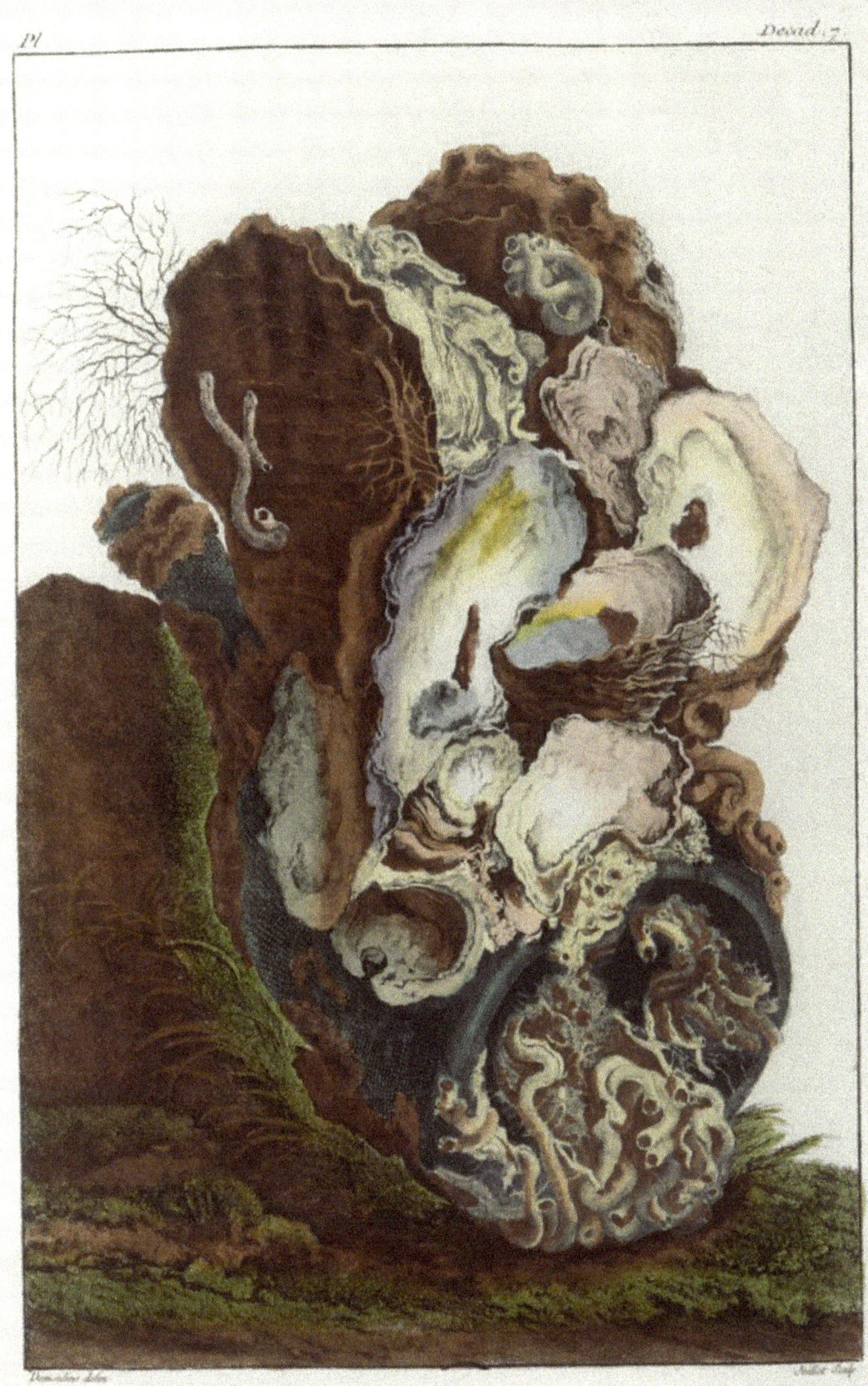

Pl. V.

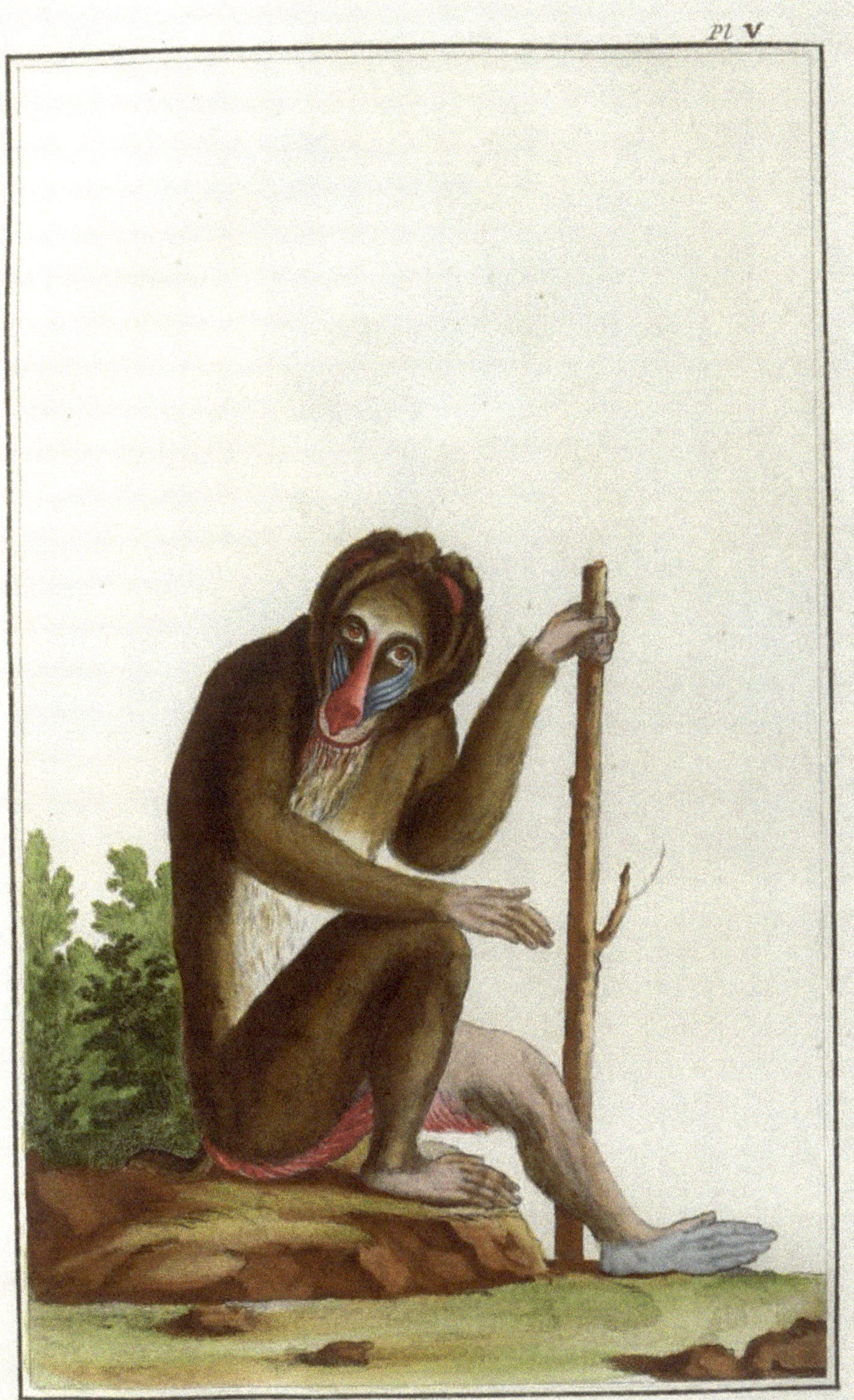

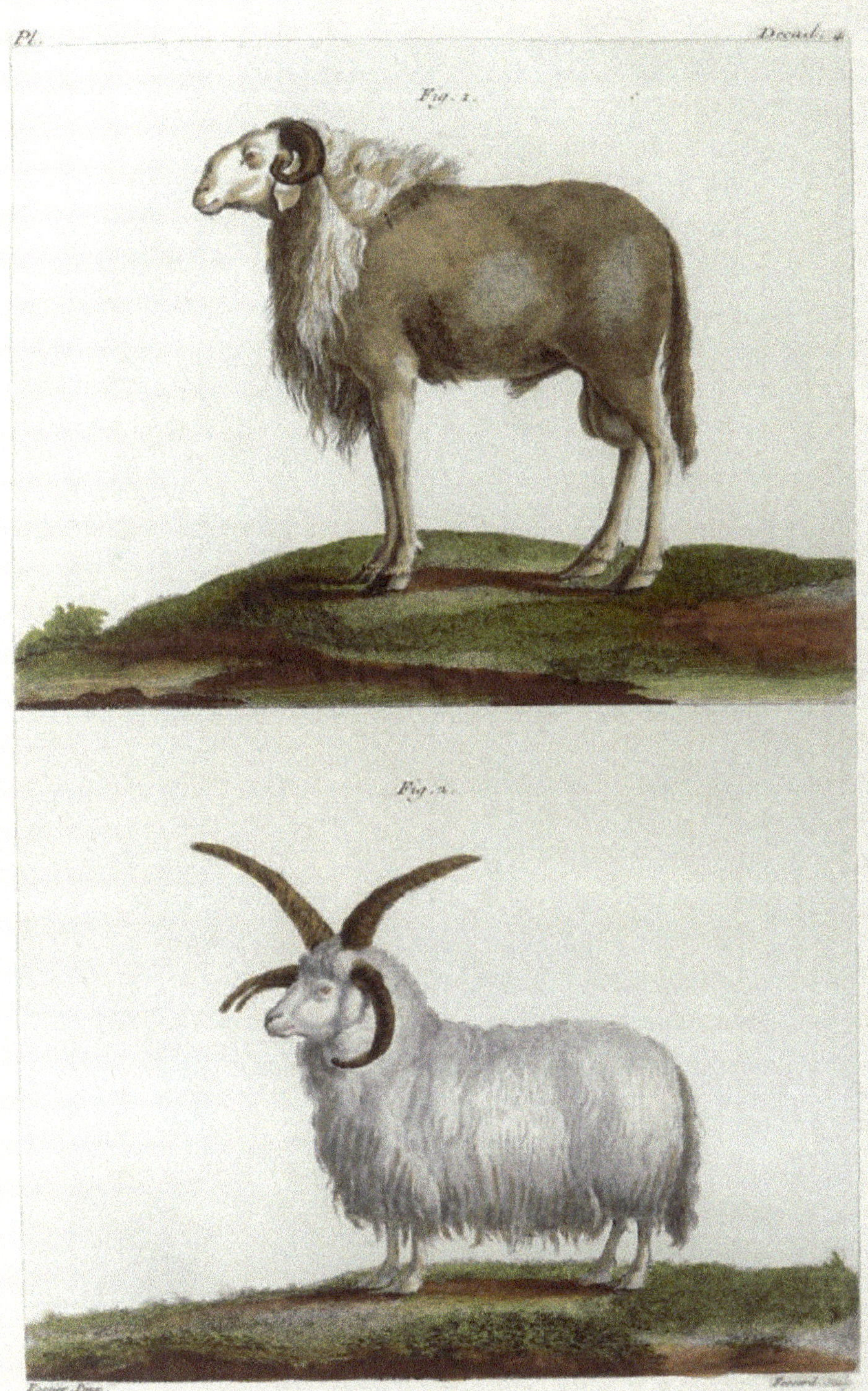
Pl.
Decad. 4
Fig. 1.
Fig. 2.

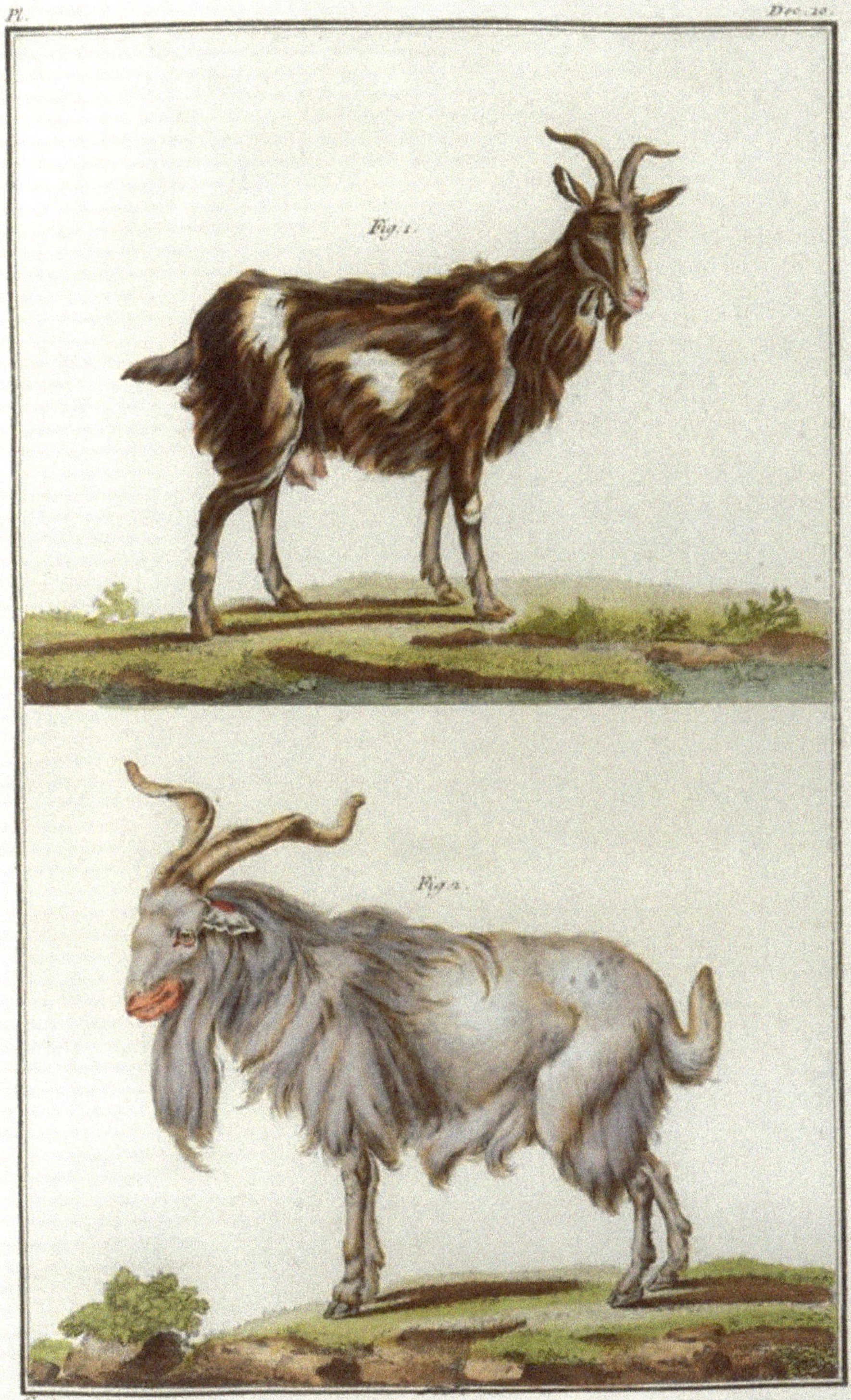
Fig. 1.
Fig. 2.

Pl. Dec. 10.

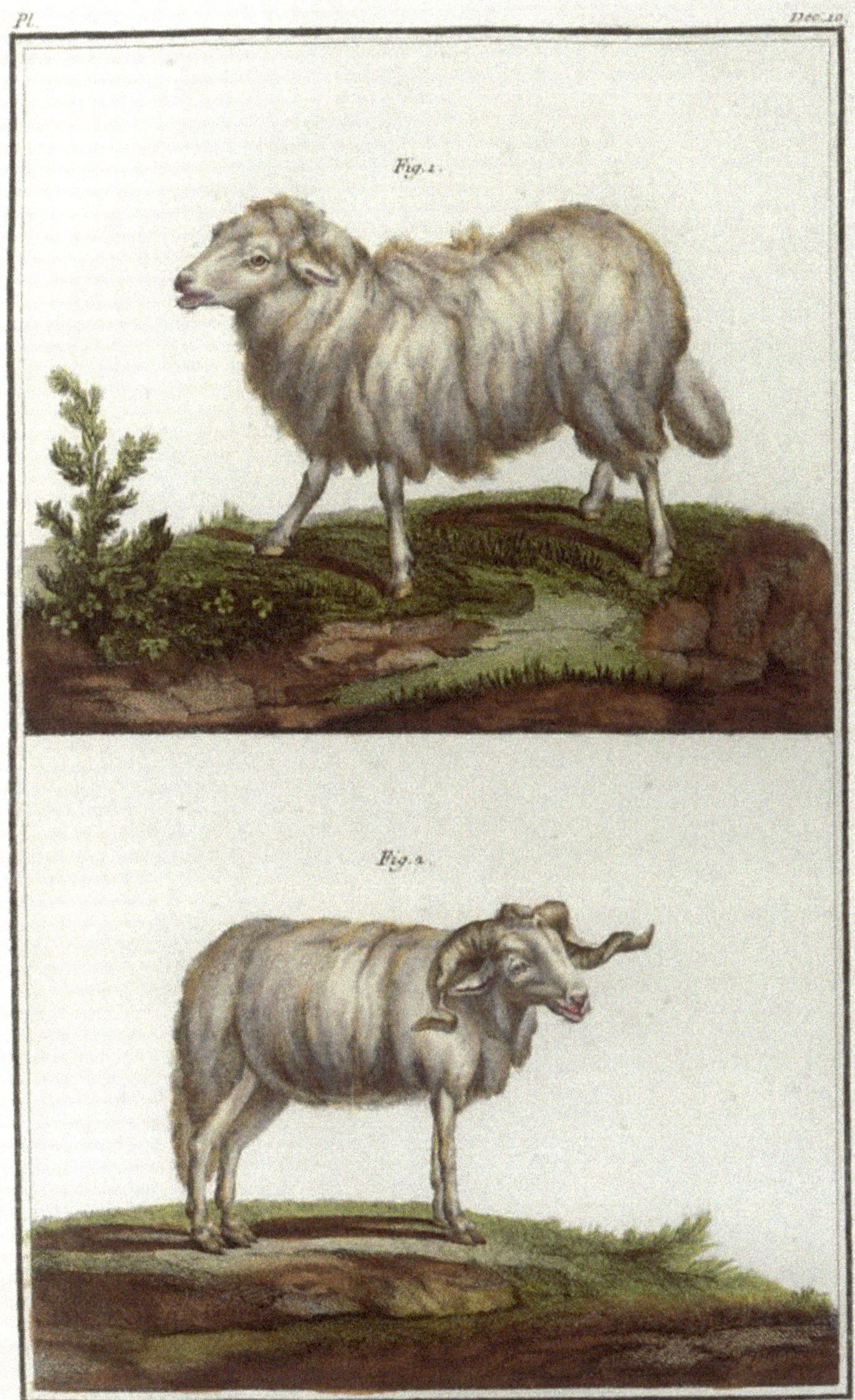

Cent. 2.

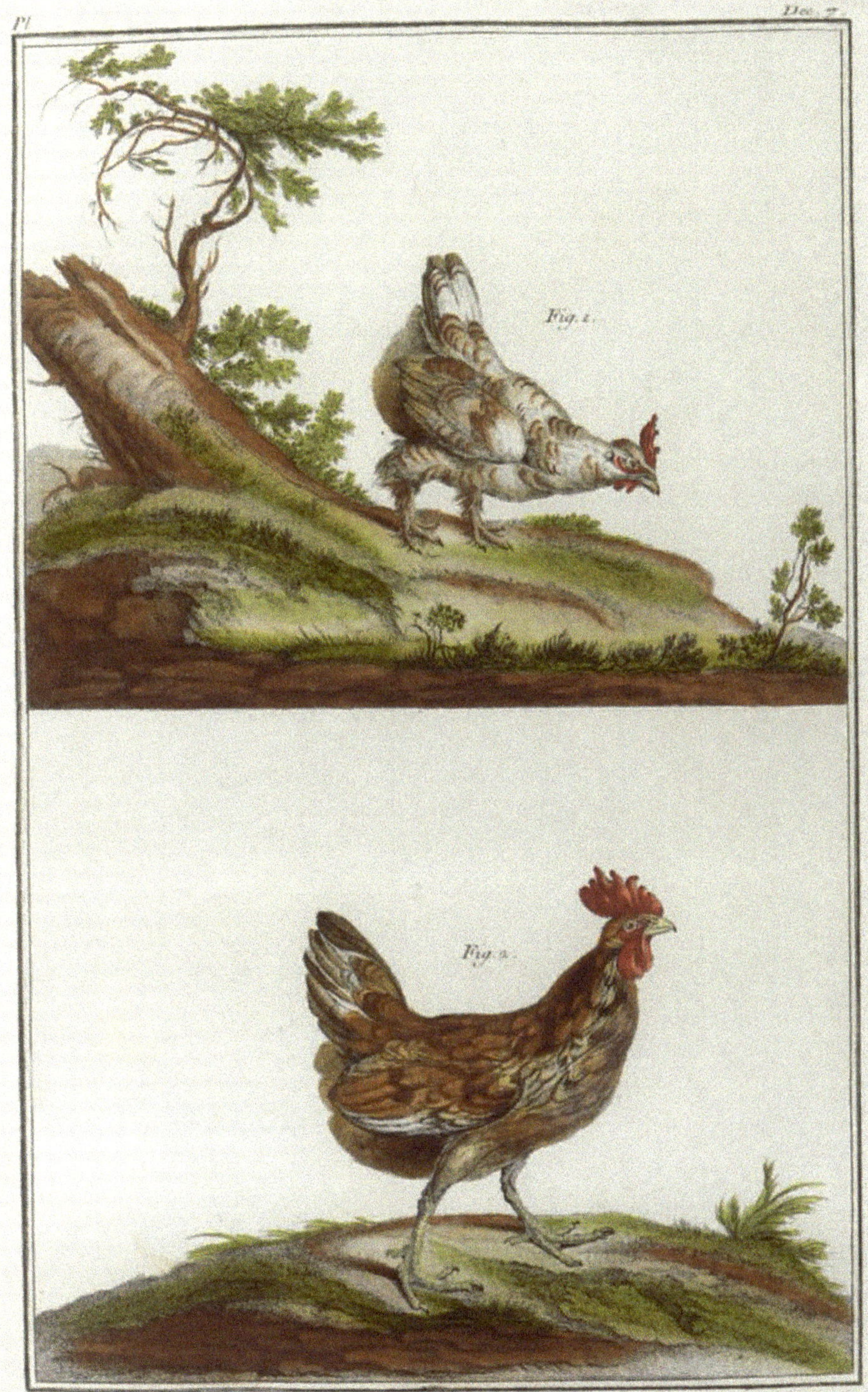
Pl
Dec. 7
Fig. 1.
Fig. 2.
Cent. 2.

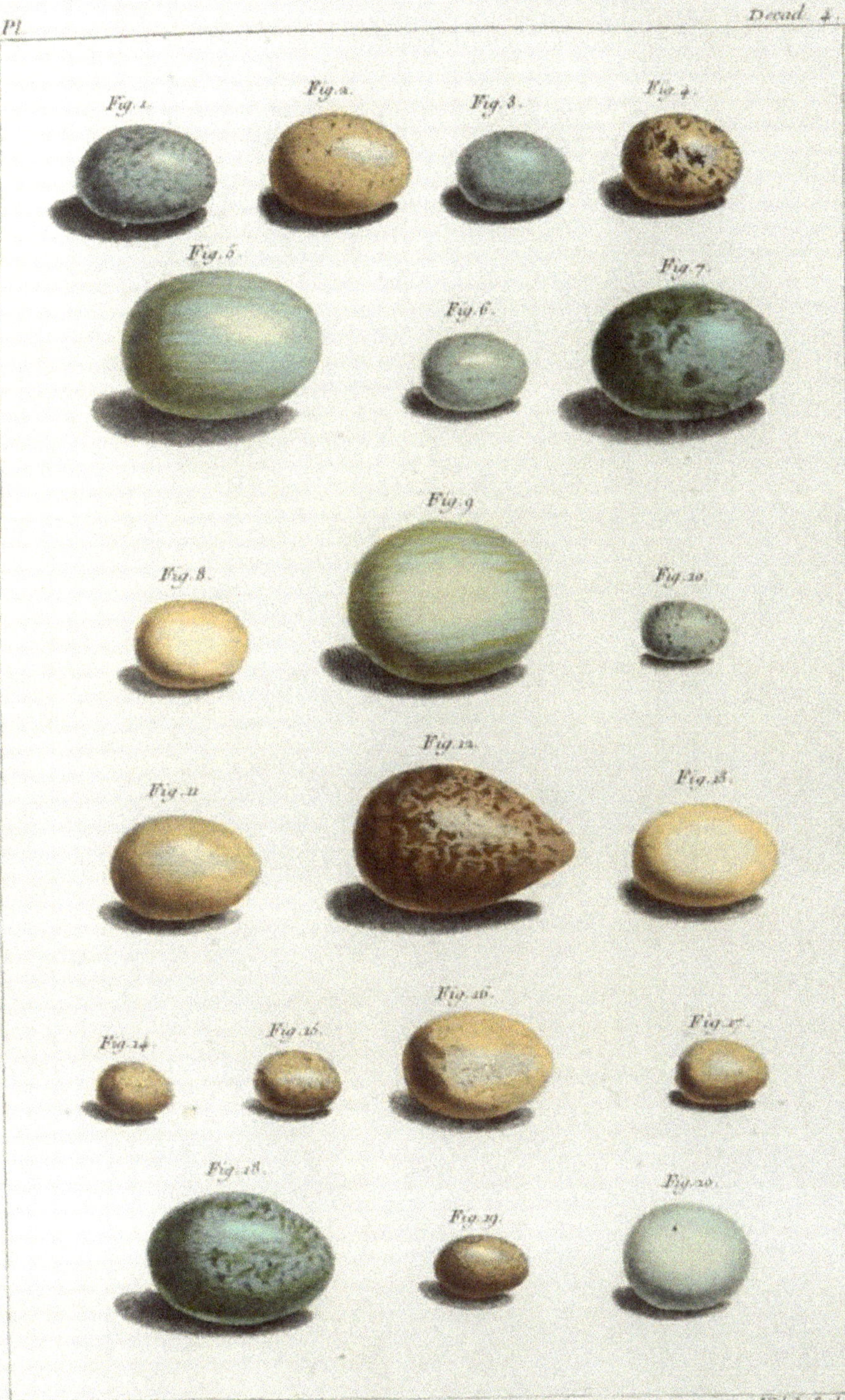
Pl
Decad. 4.
Fig. 1.
Fig. 2.
Fig. 3.
Fig. 4.
Fig. 5.
Fig. 6.
Fig. 7.
Fig. 9.
Fig. 8.
Fig. 10.
Fig. 12.
Fig. 11.
Fig. 13.
Fig. 16.
Fig. 14.
Fig. 15.
Fig. 17.
Fig. 18.
Fig. 19.
Fig. 20.
Vidal. Sculp.

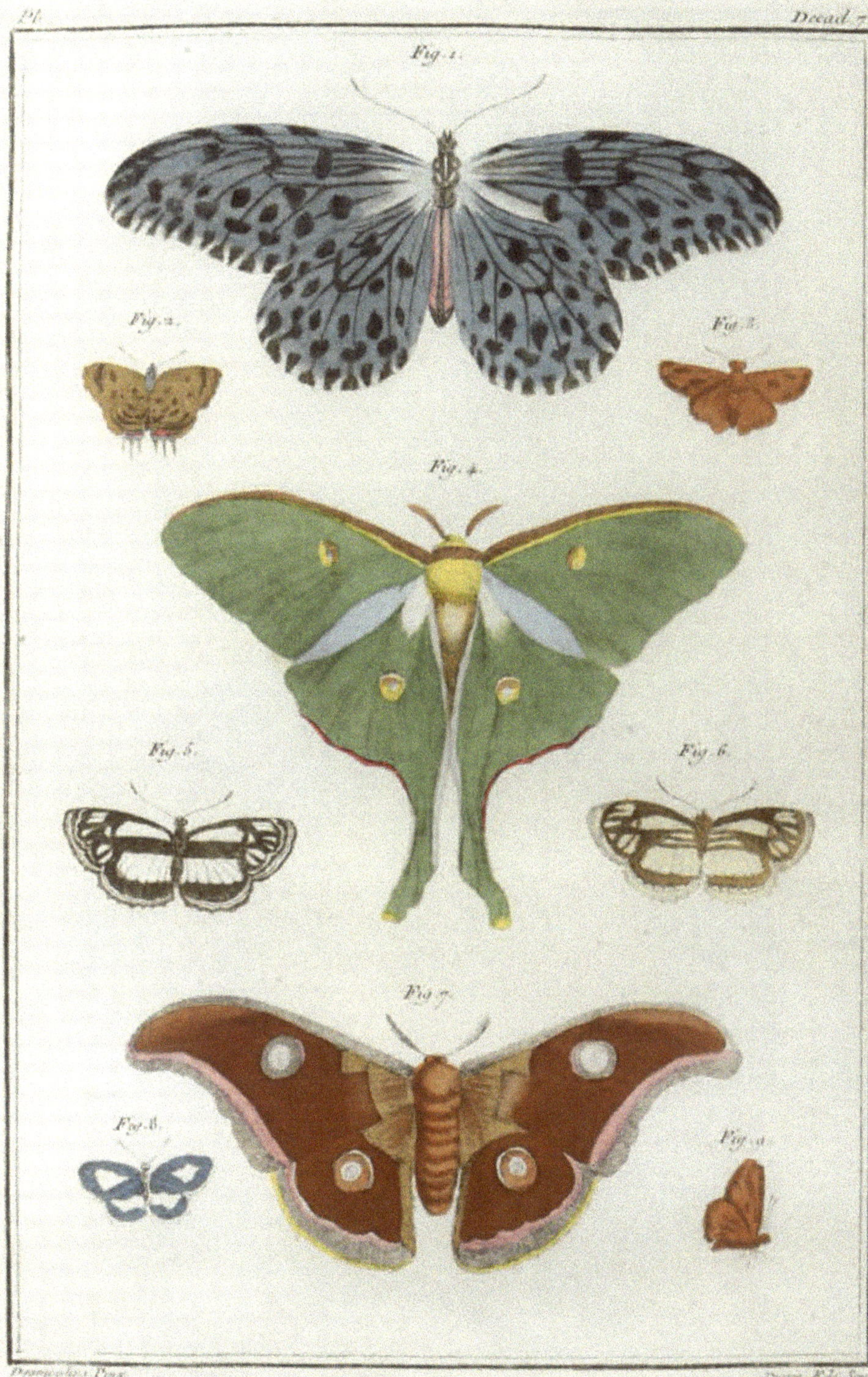

Desmoulins Pinx. Dupin Fils Sculp.

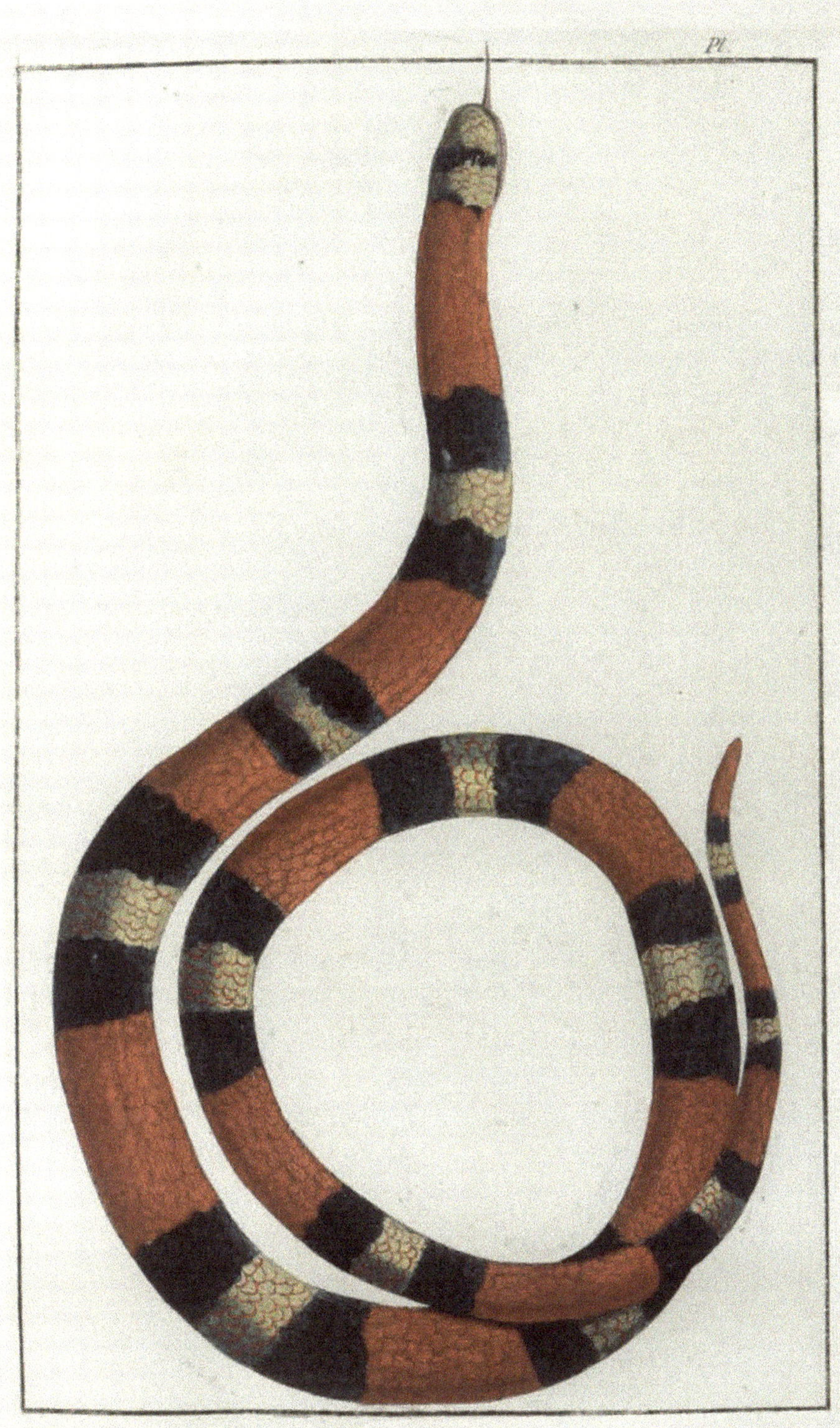
Pl.

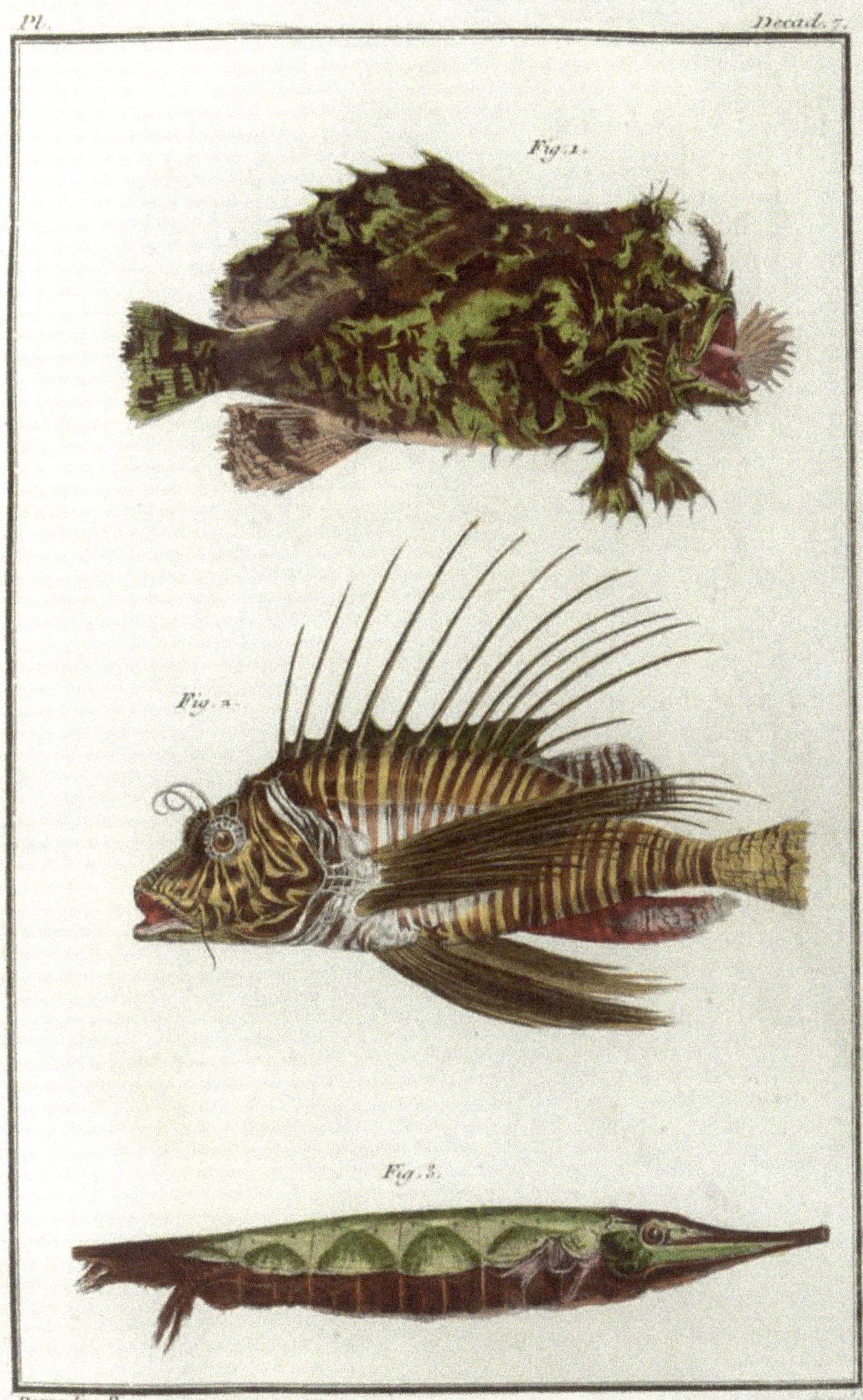

Desmoulins, Pinx.

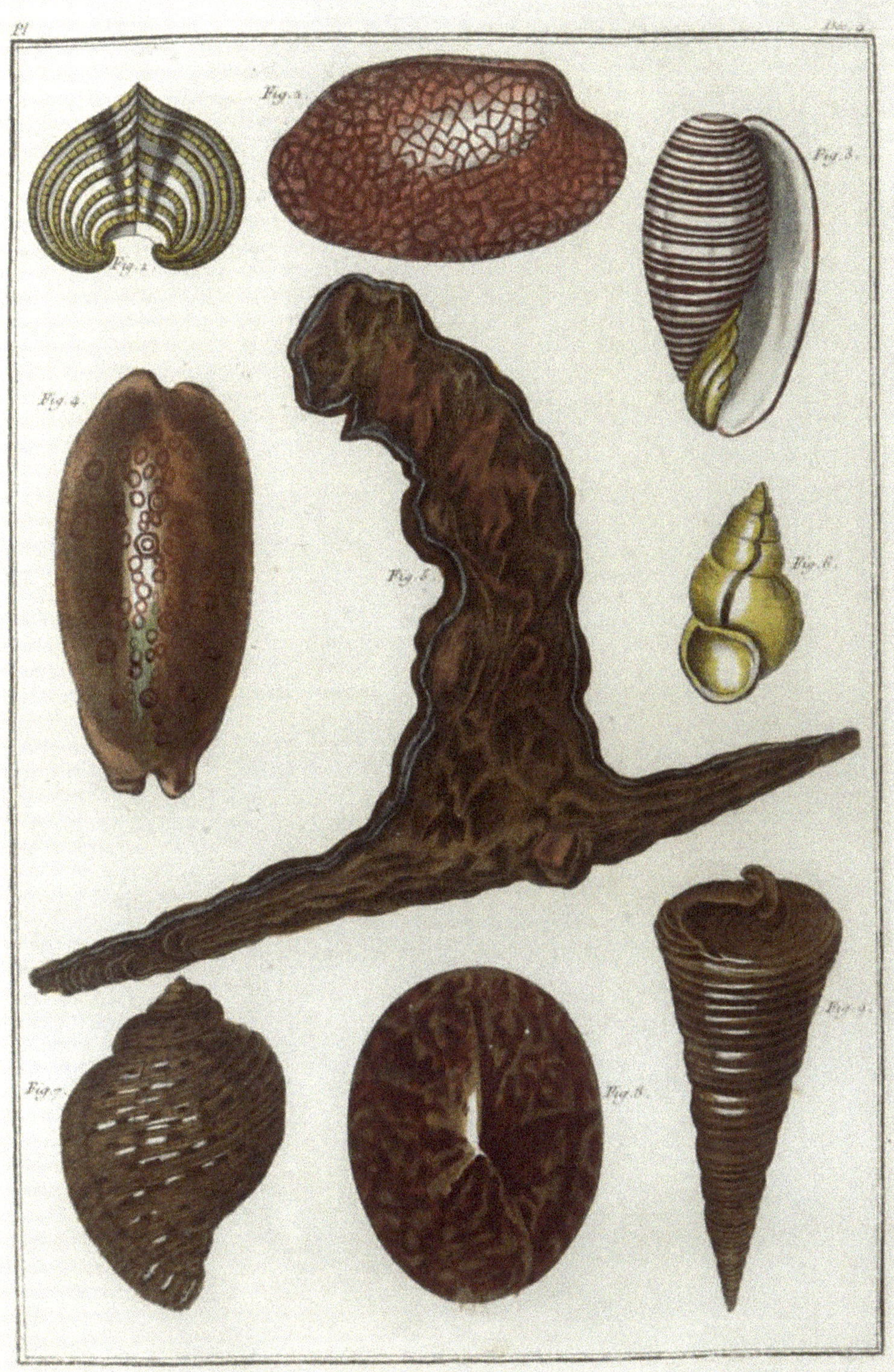

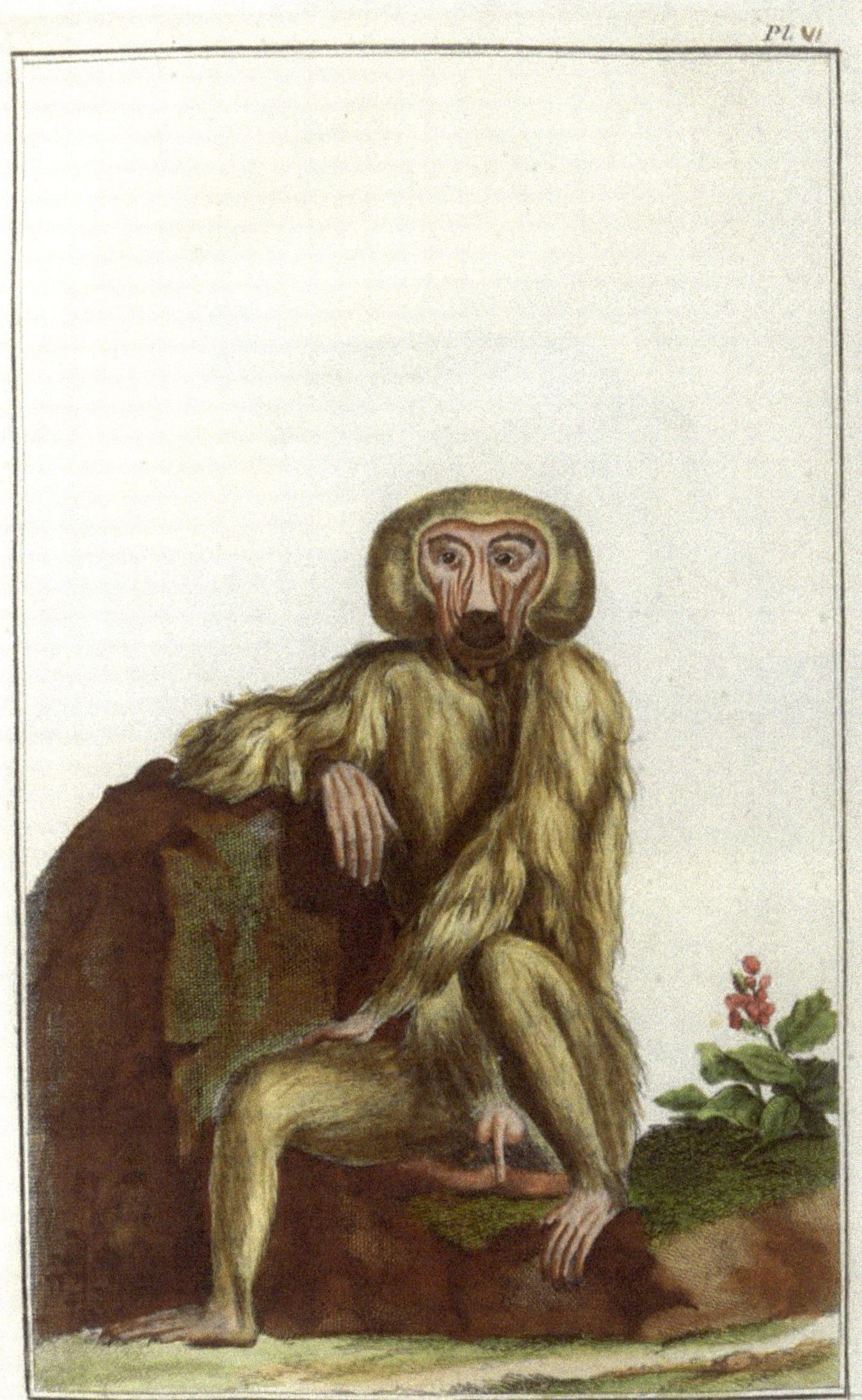

Pl. VI

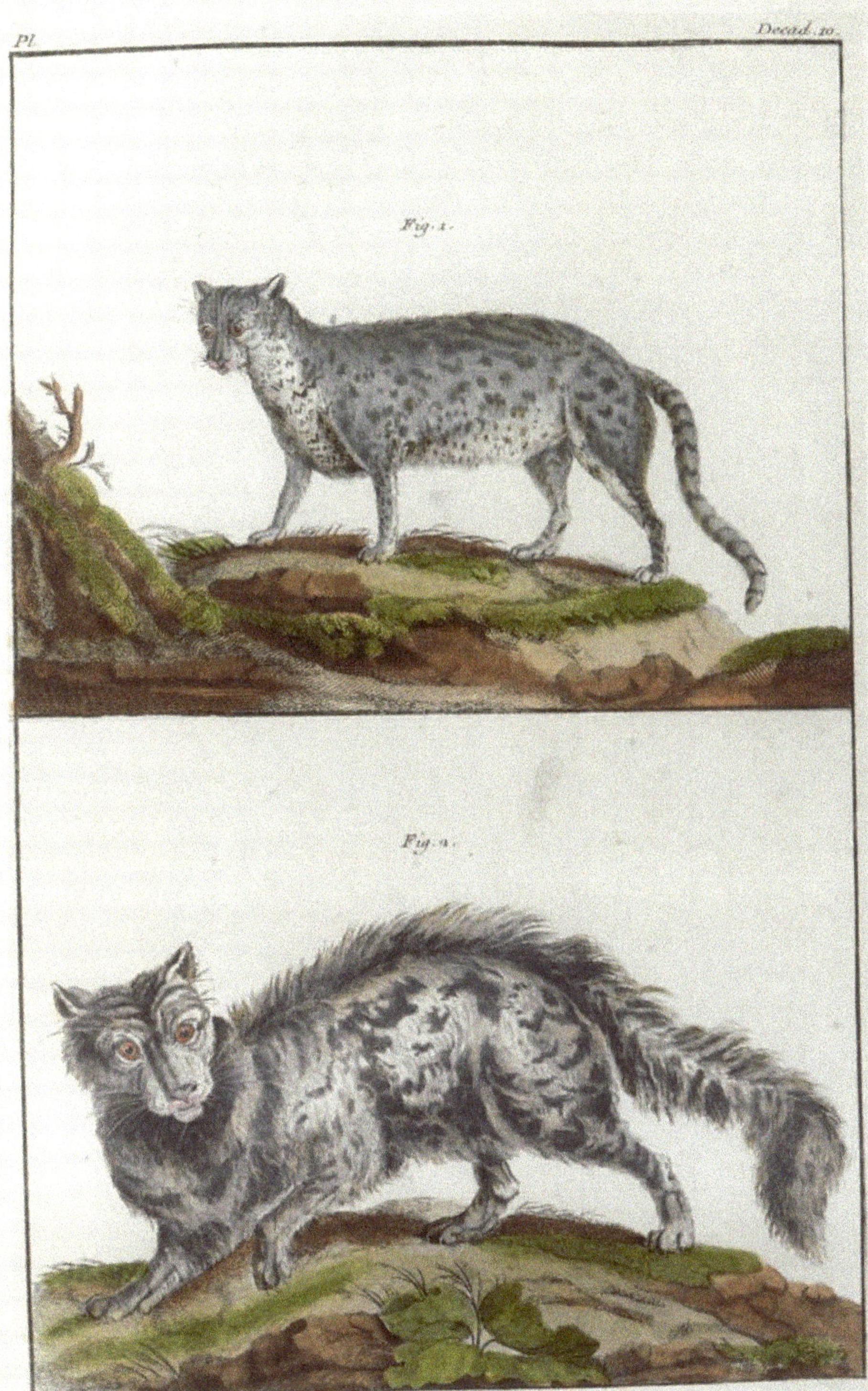
Pl.
Decad. 10.
Fig. 1.
Fig. 2.

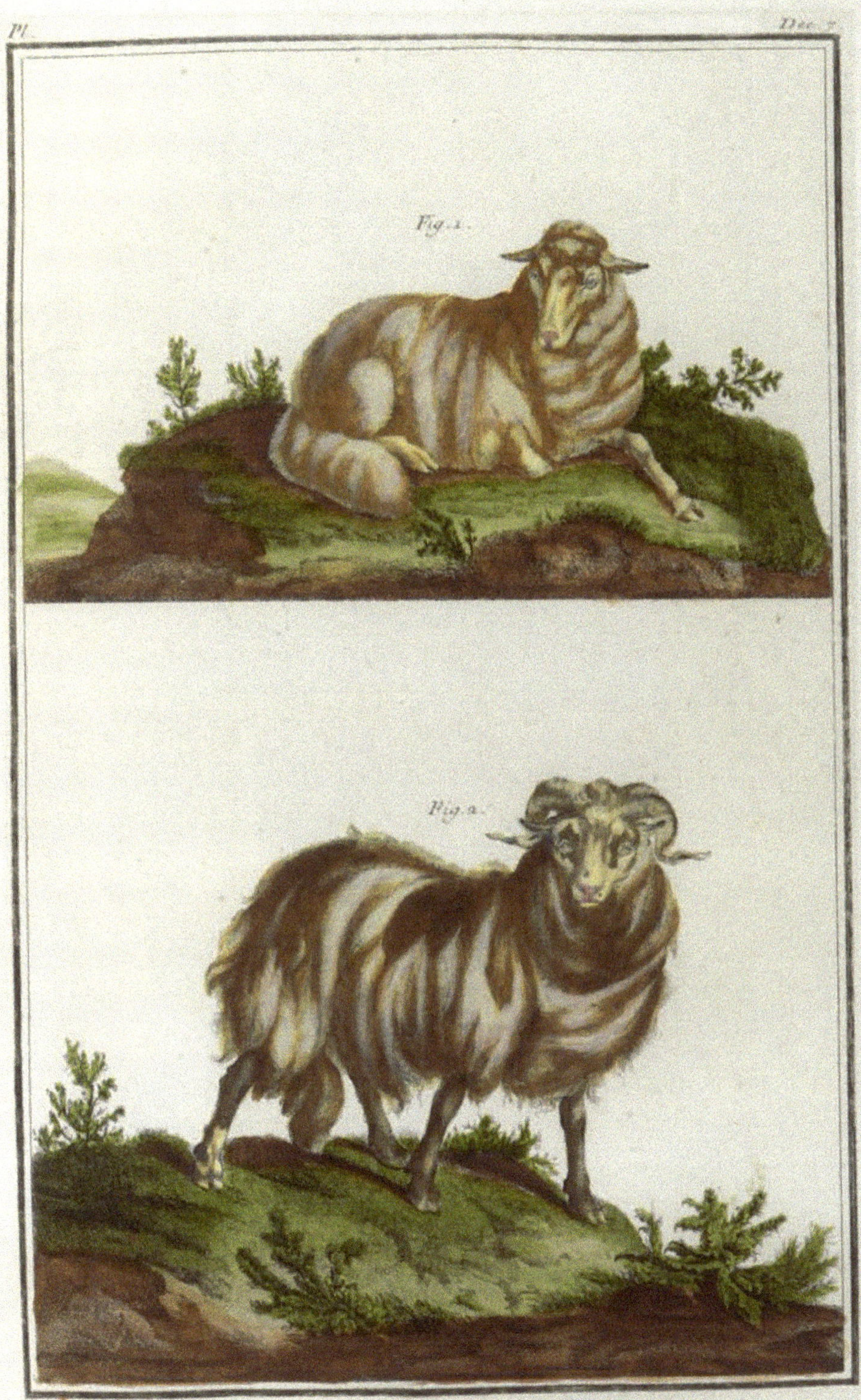
Pl.
Déc. 7
Fig. 1.
Fig. 2.

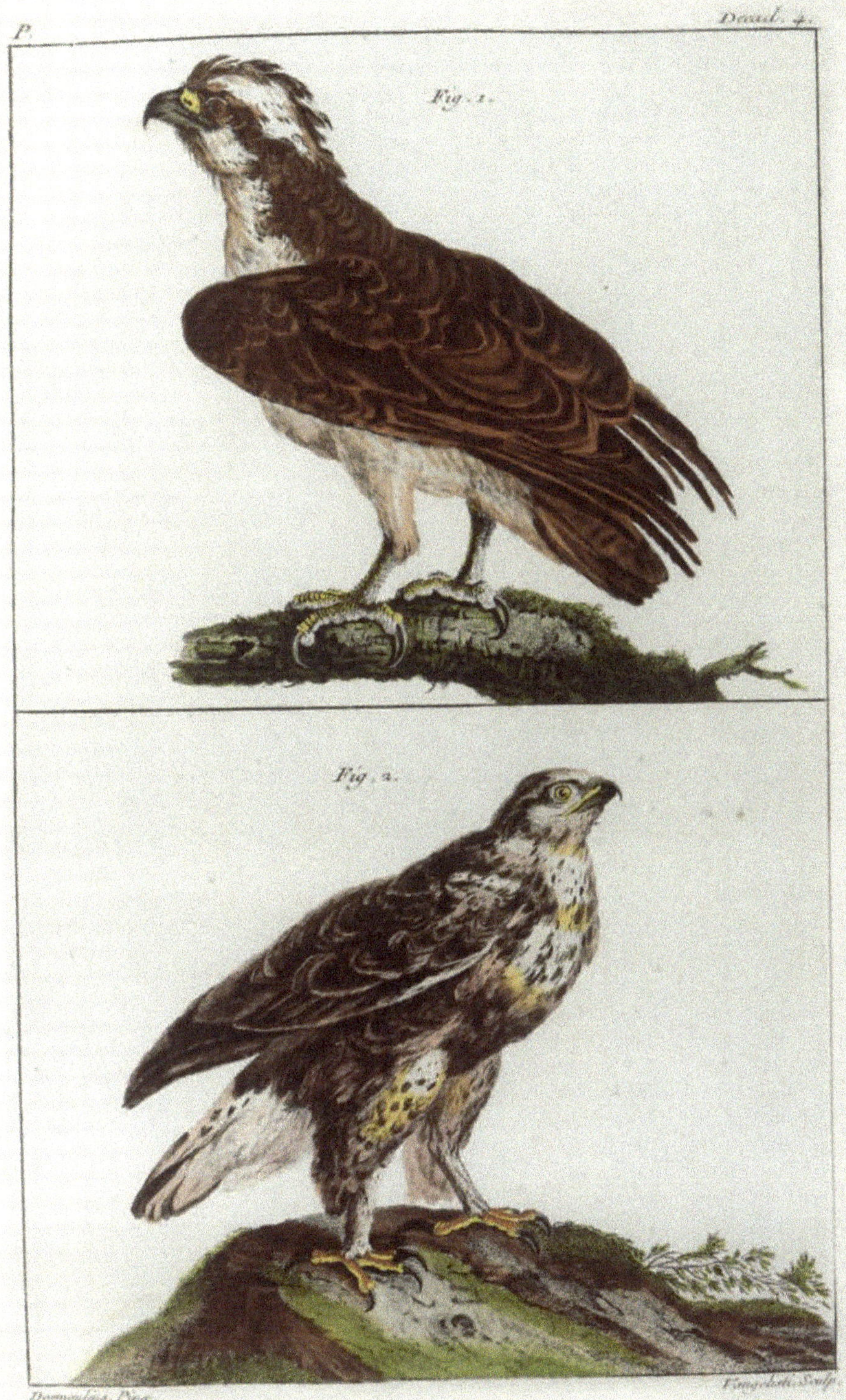
P.
Decad. 4.
Fig. 1.
Fig. 2.

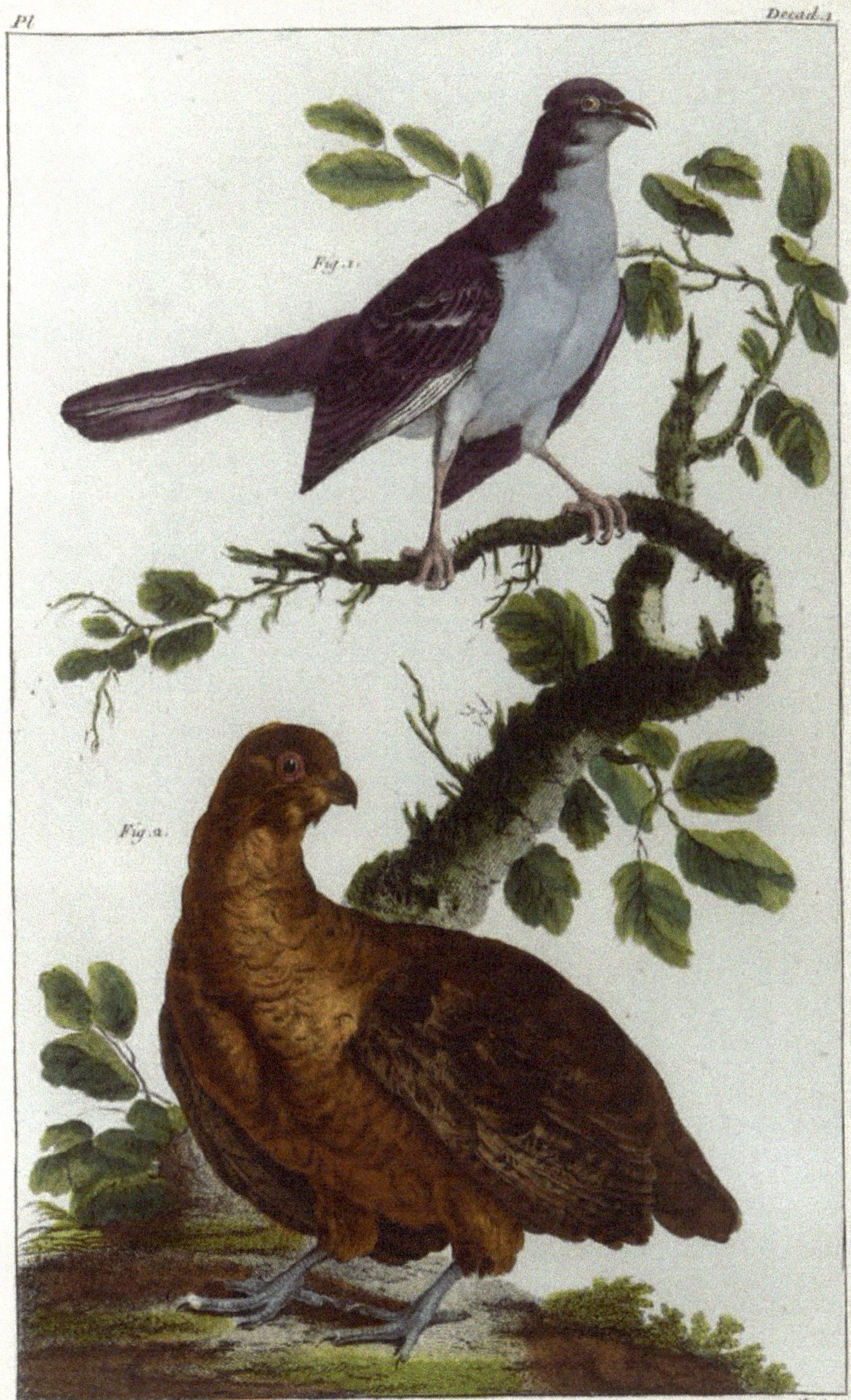
Fig. 1.
Fig. 2.

Pl

Dec. 7.

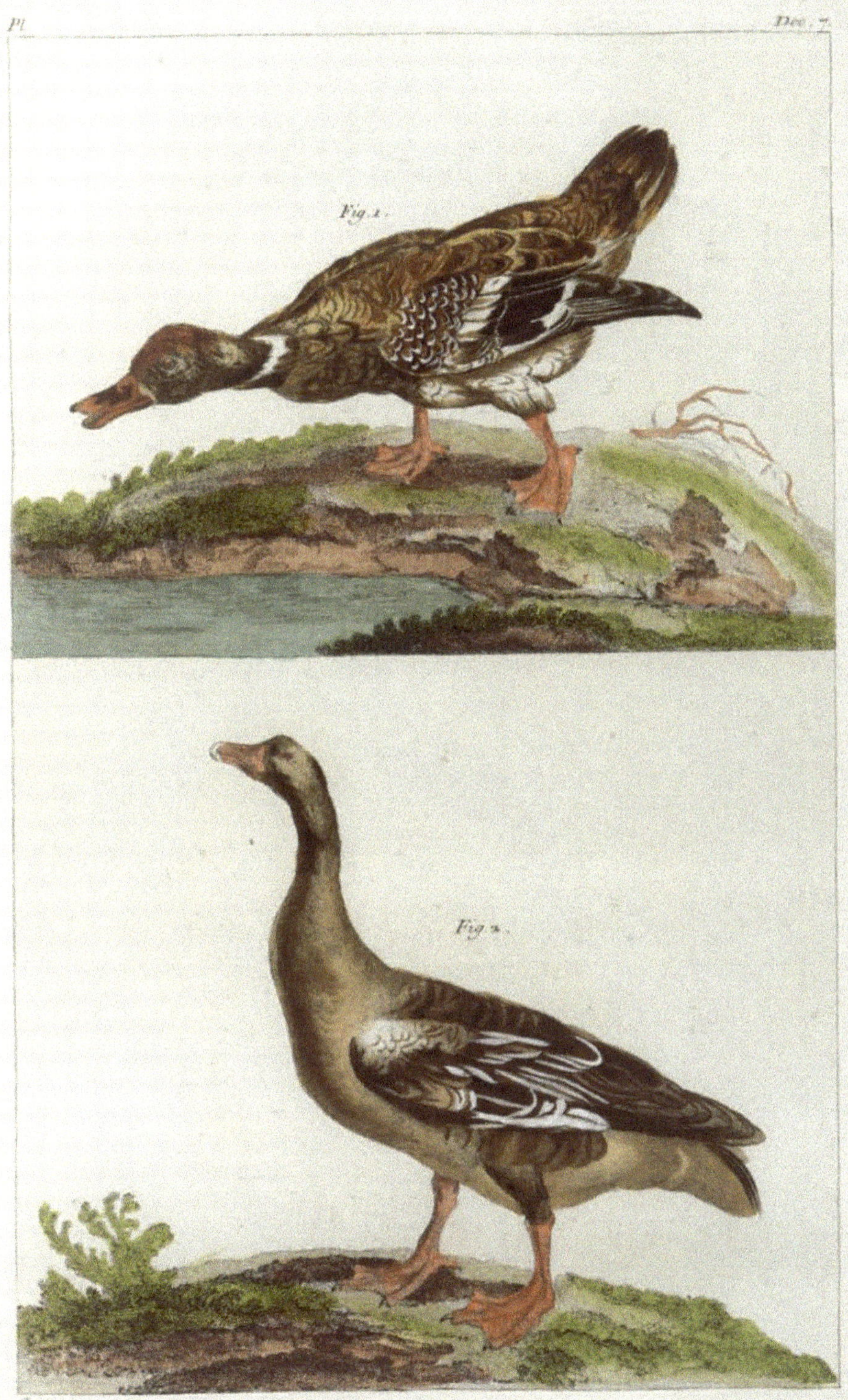

Cant. 2.

Pl. Dec. 4.

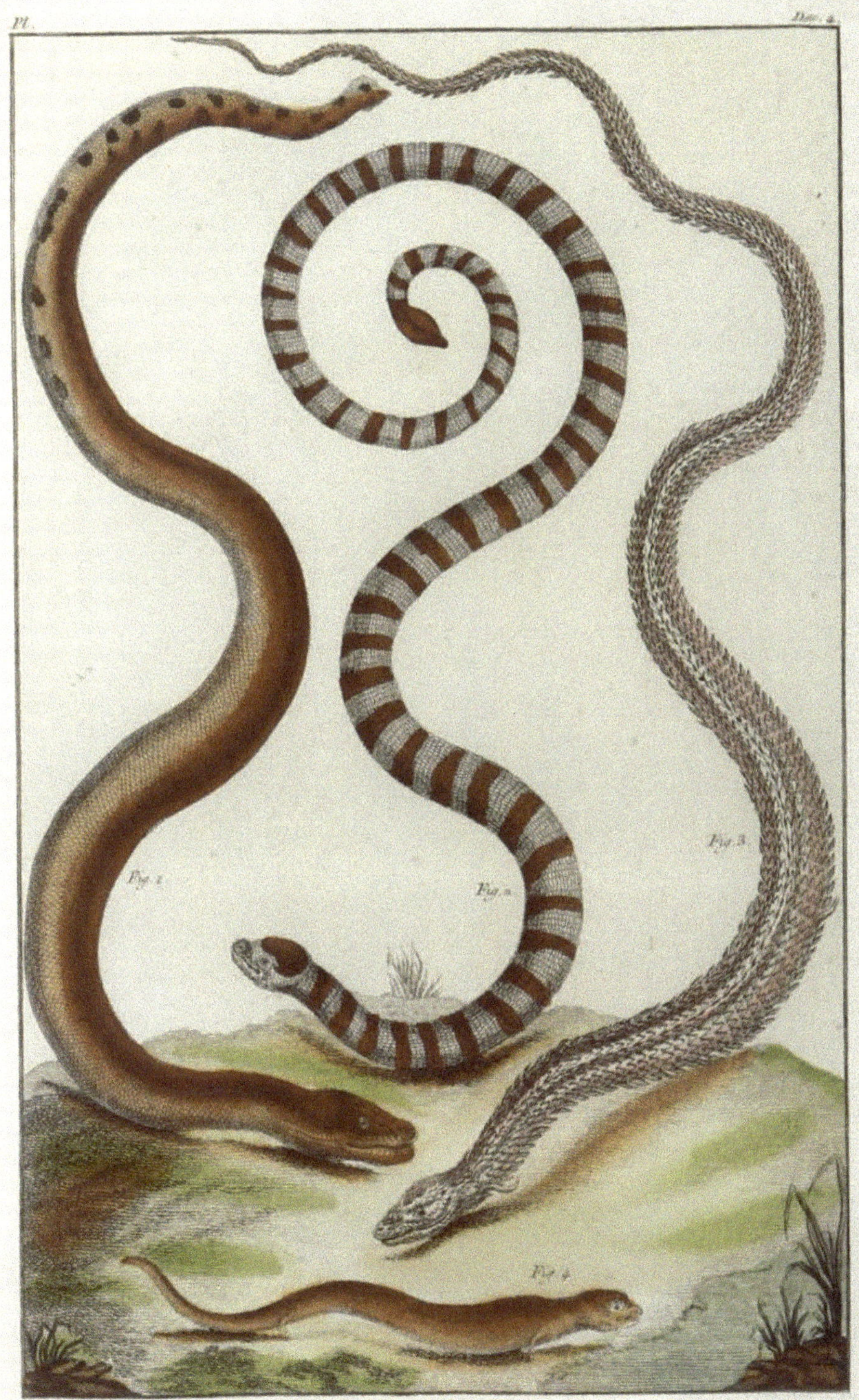

Cent. 3.

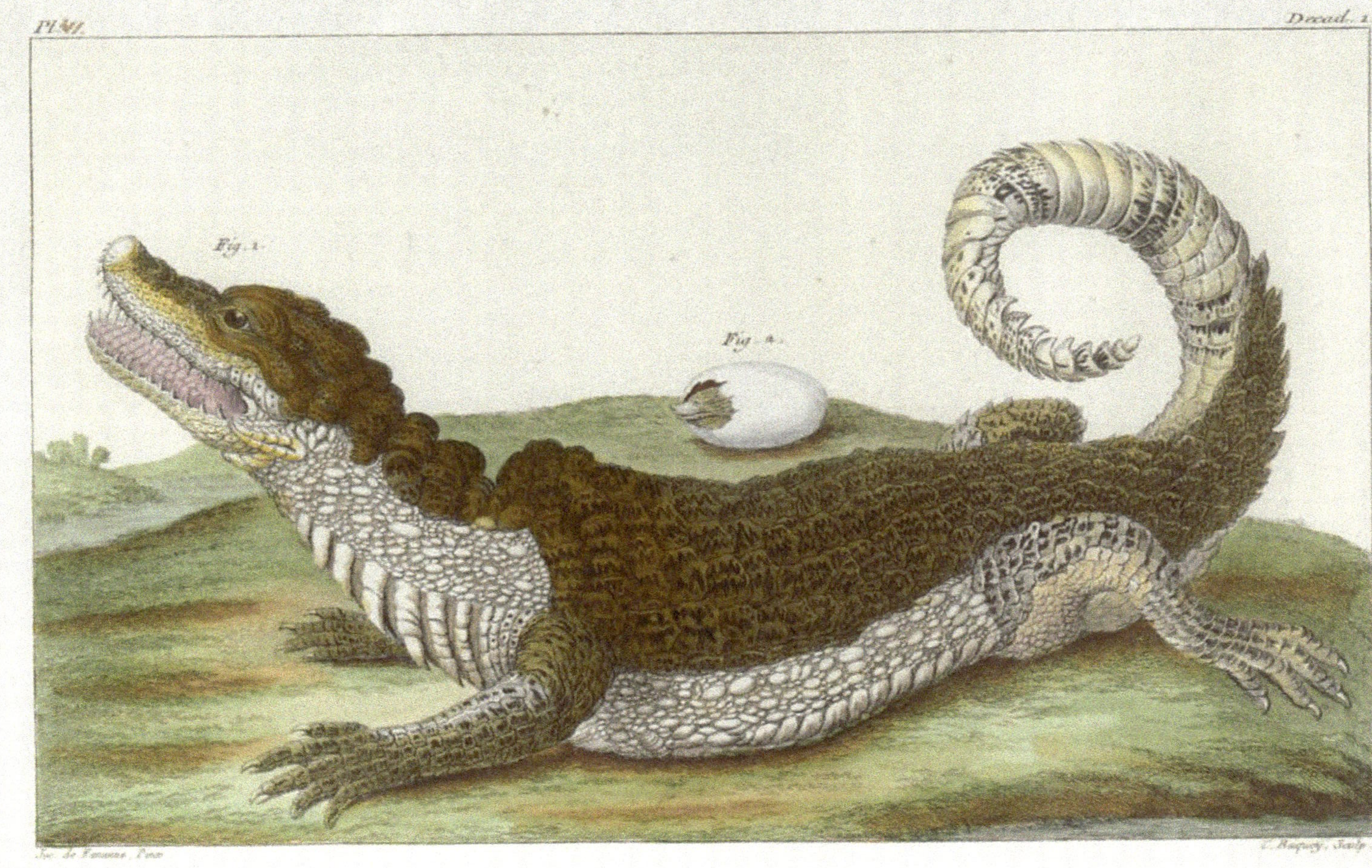
Decad. 1
Fig. 1
Fig. 2

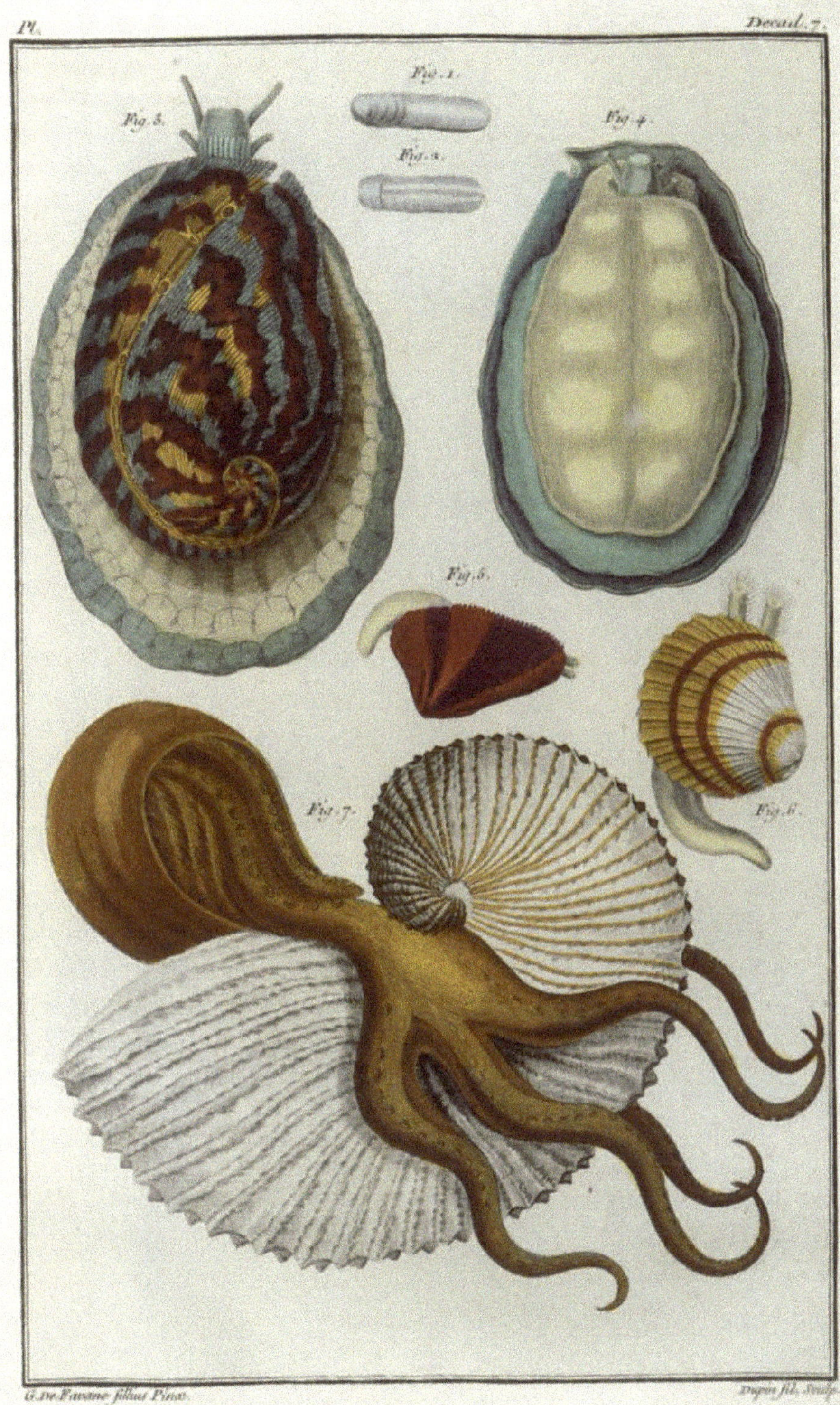

G. De Favane filius Pinx. Dupin fil. Sculp.

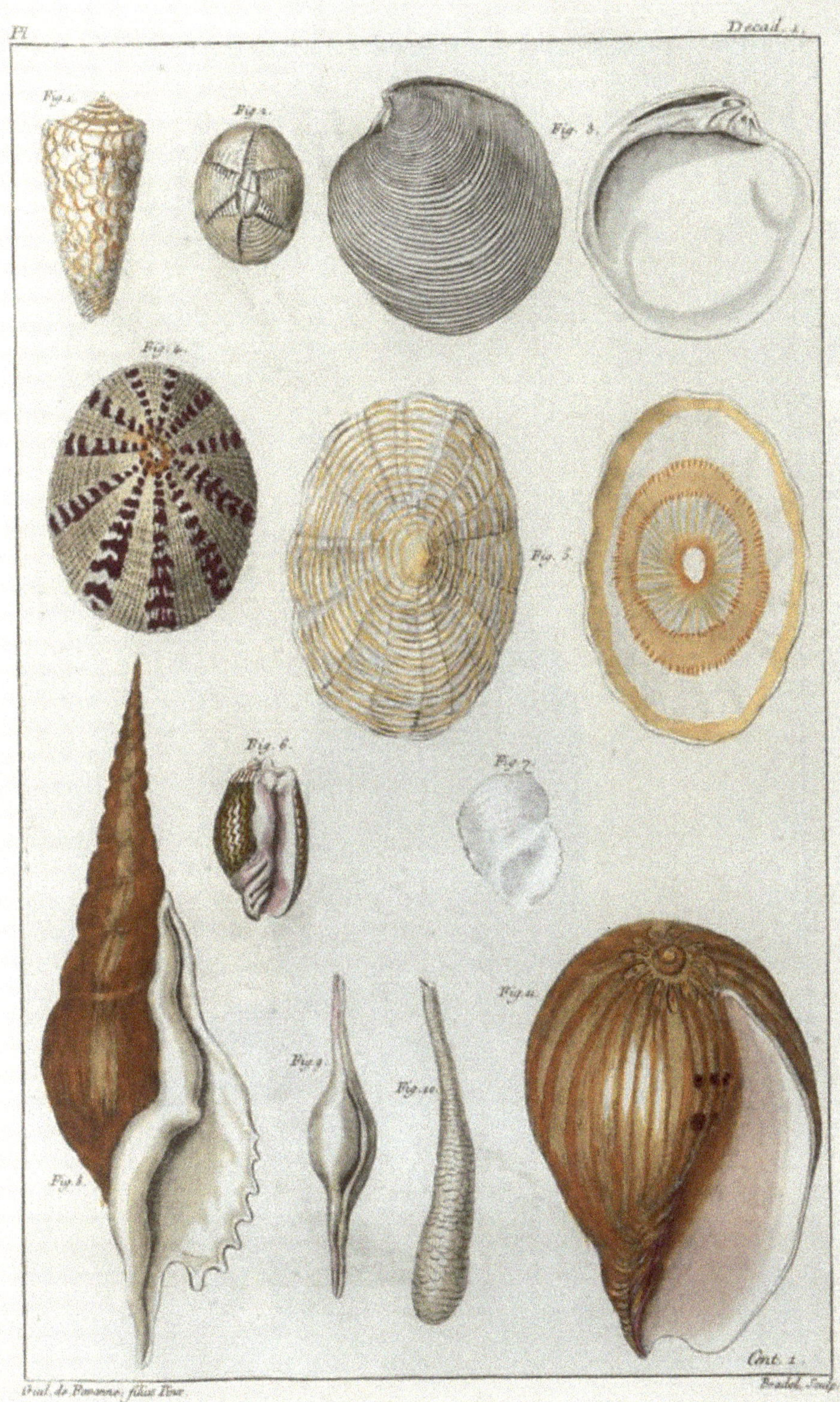
Pl.
Decad. 1.
Fig. 1.
Fig. 2.
Fig. 3.
Fig. 4.
Fig. 5.
Fig. 6.
Fig. 7.
Fig. 8.
Fig. 9.
Fig. 10.
Fig. 11.
Cent. 1.
Bradel Sculp.

Pl. VII

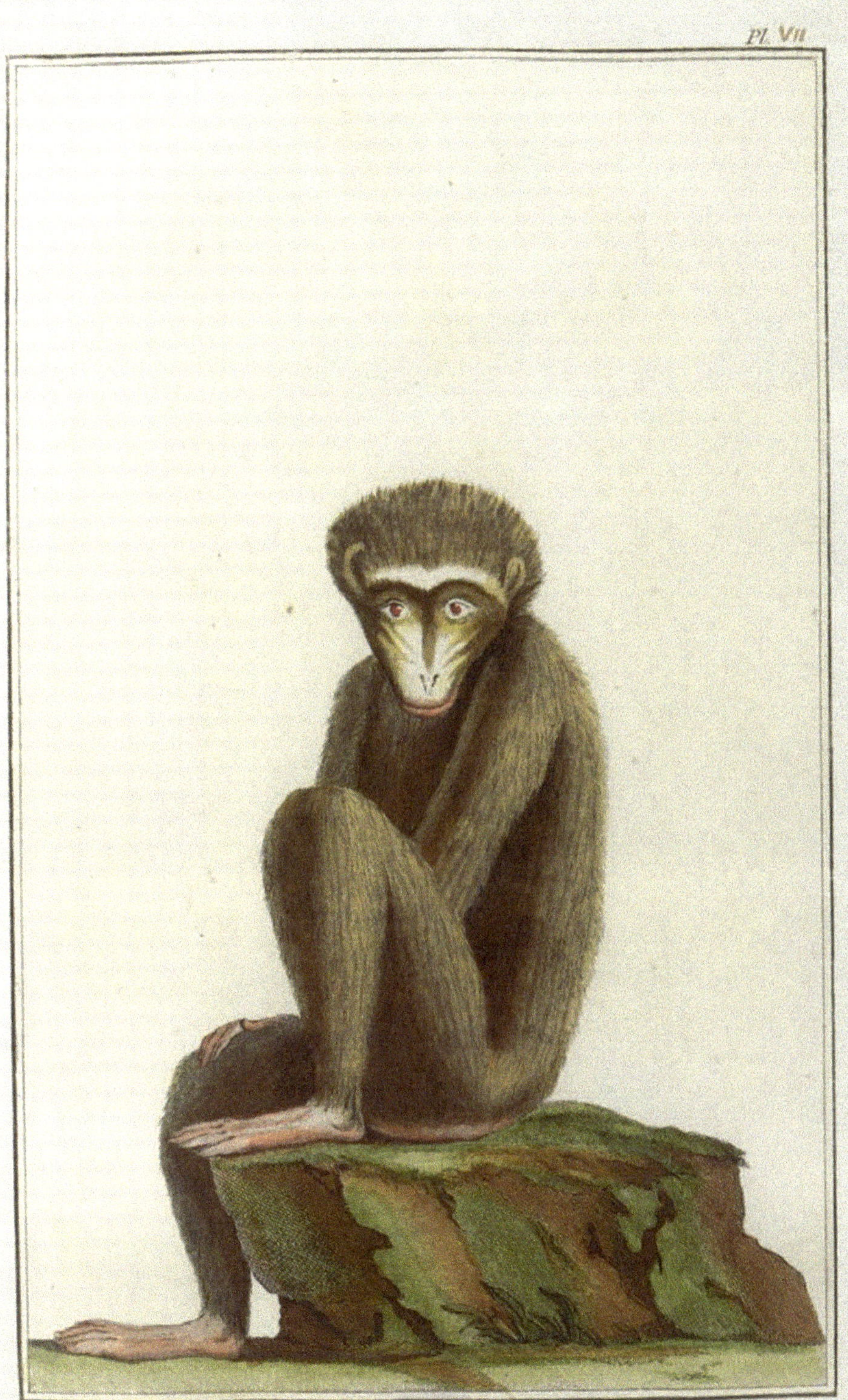

Pl. Div. 4.

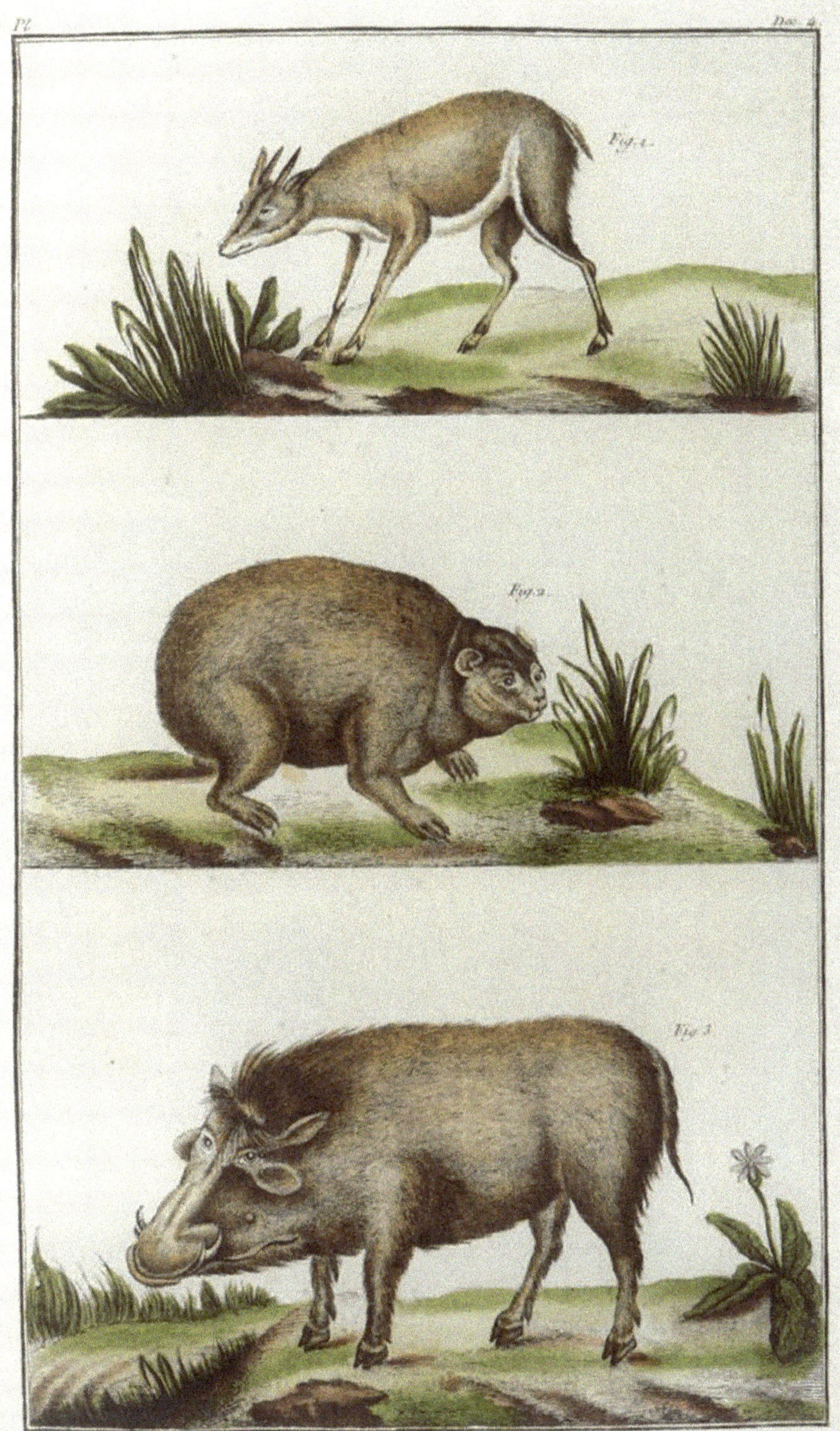

Cent. 2.

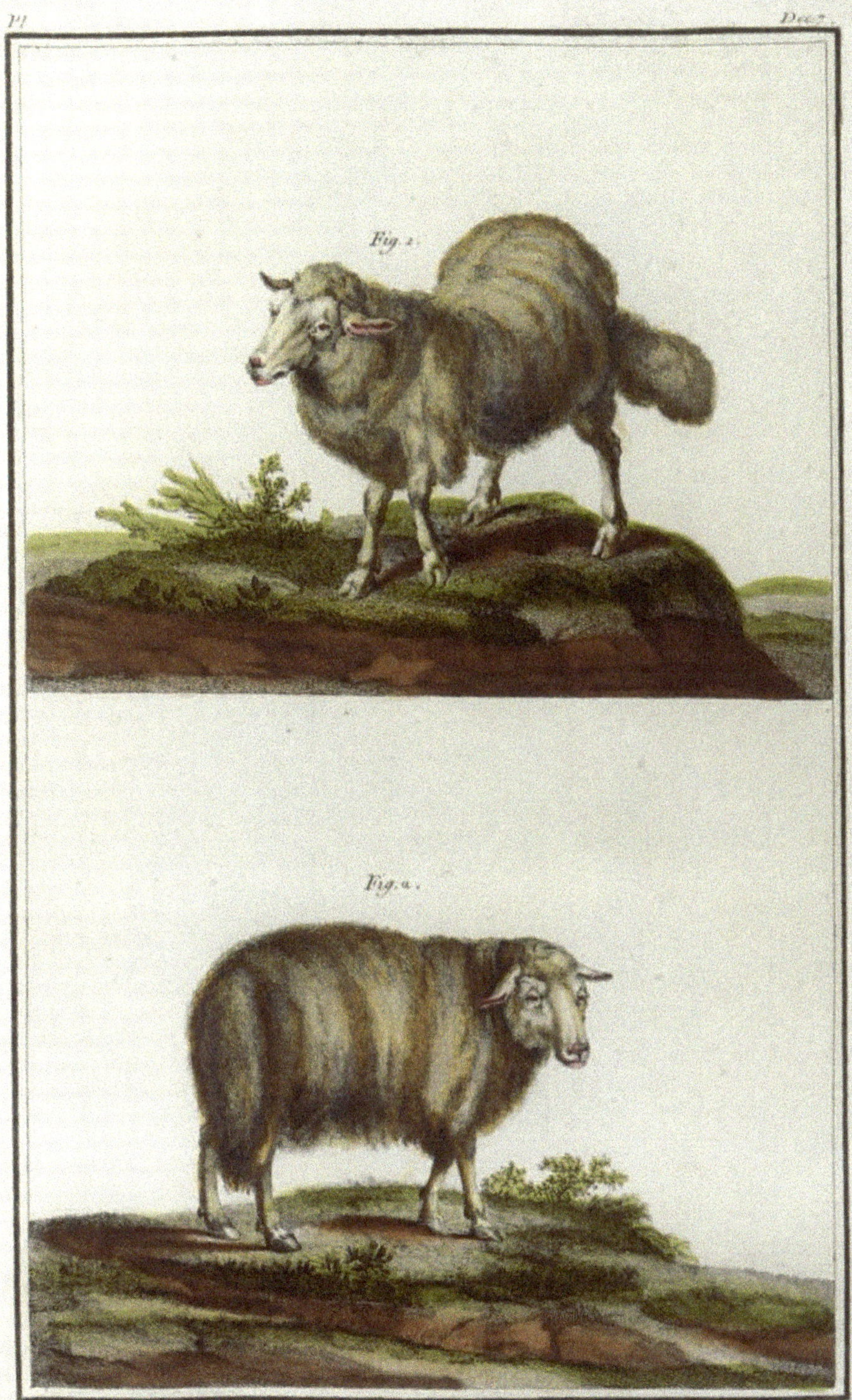
Fig. 1.
Fig. 2.

Pl.

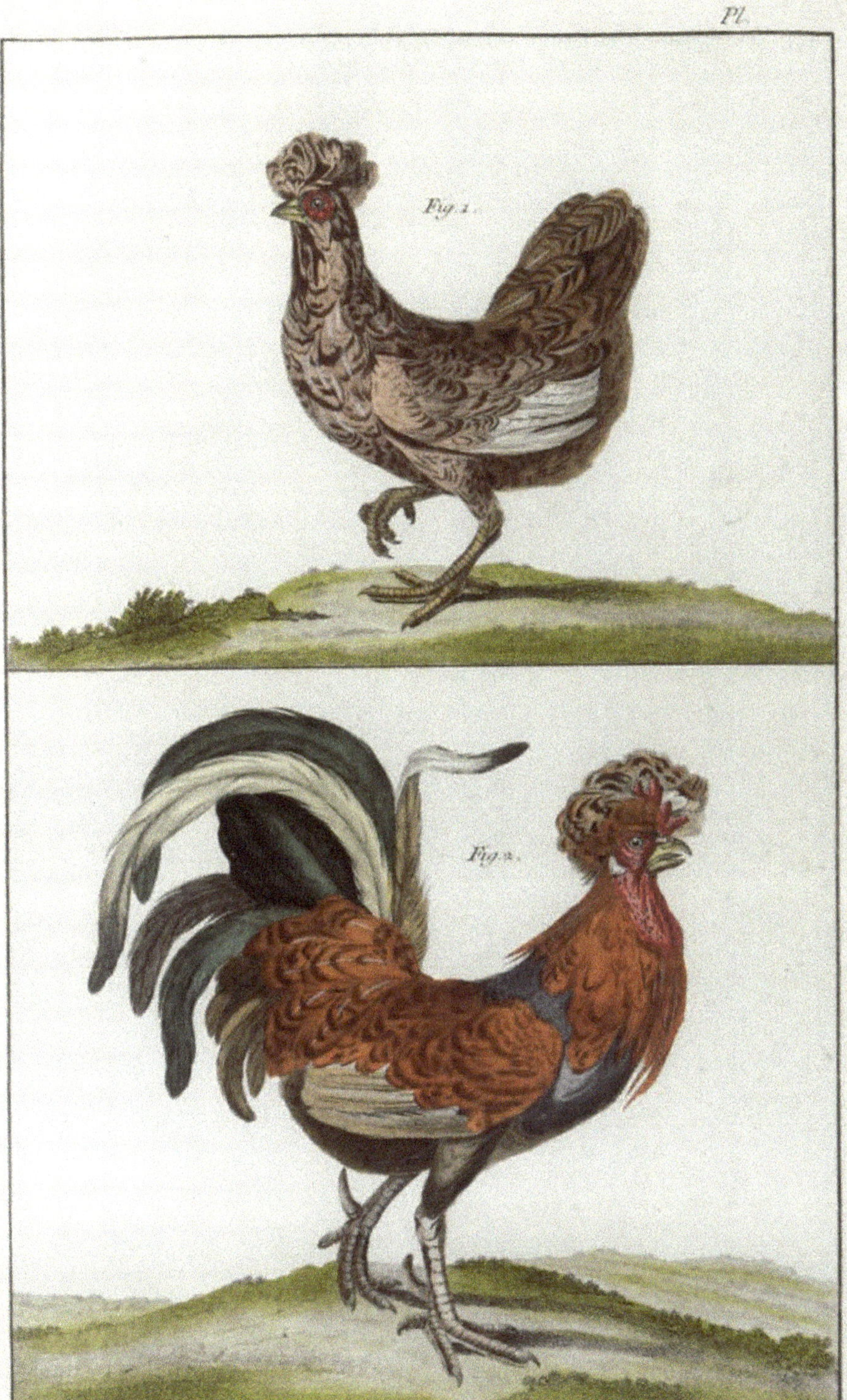

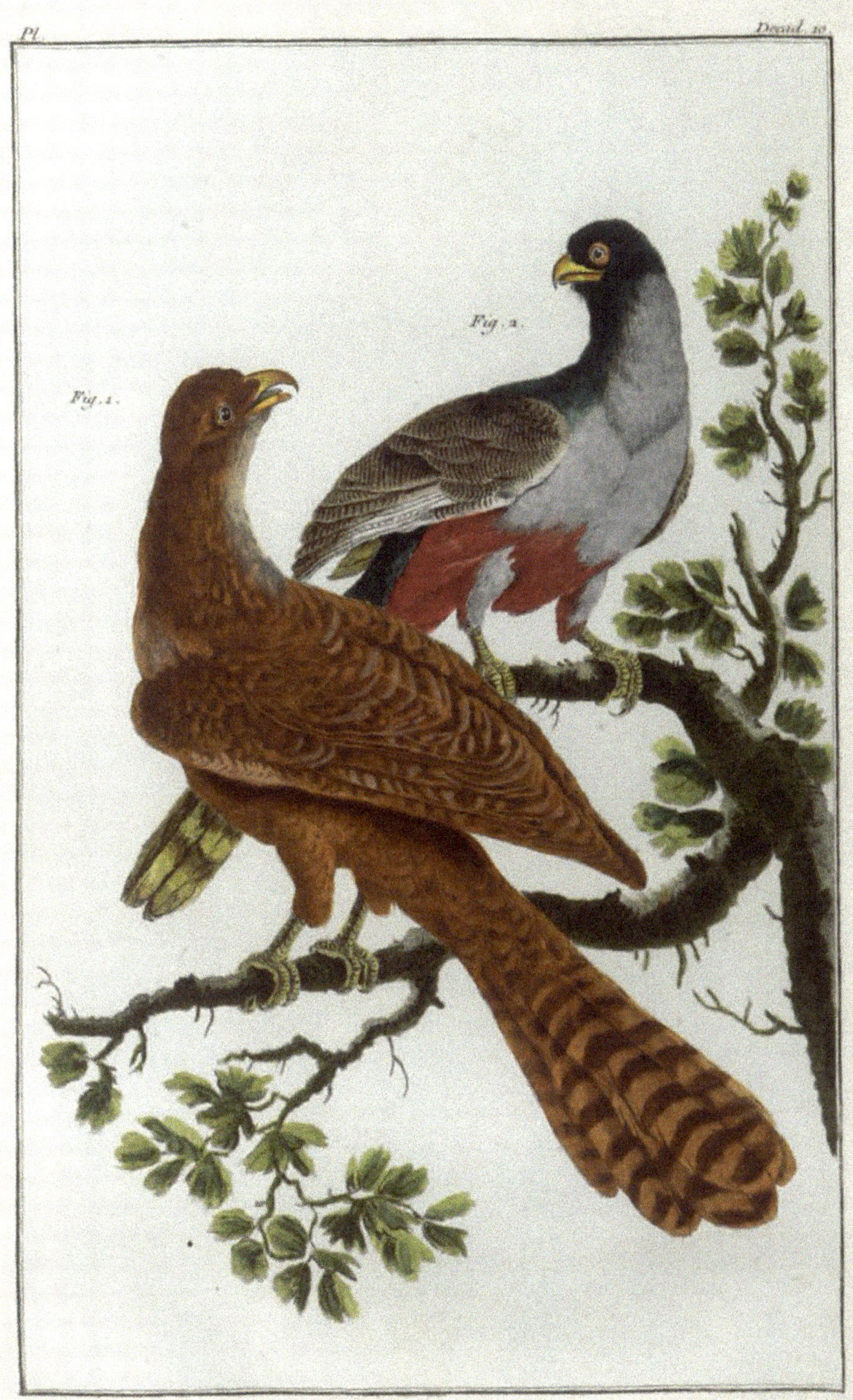
Fig. 2.
Fig. 1.

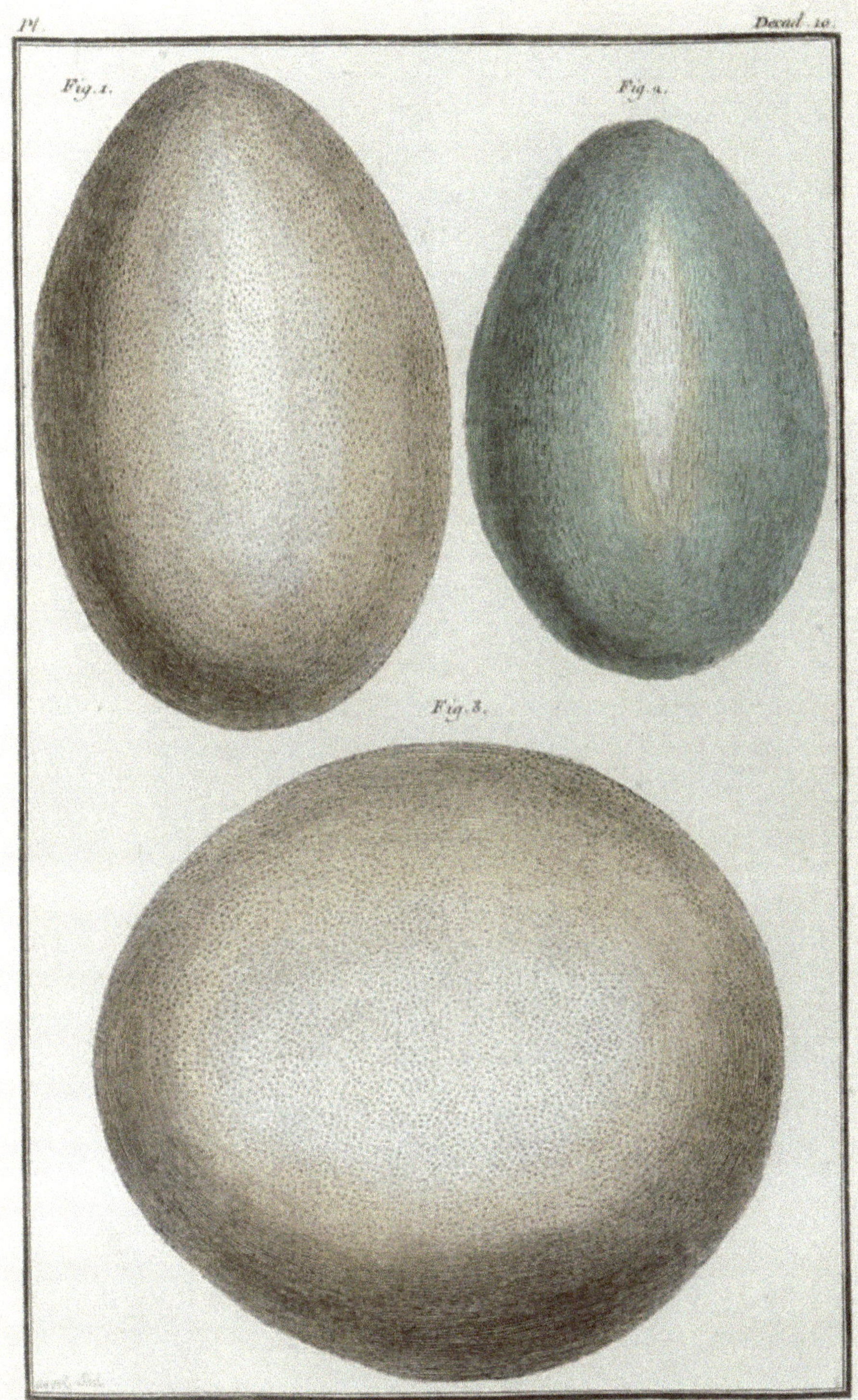
Pl.
Decad. 10.
Fig. 1.
Fig. 2.
Fig. 3.

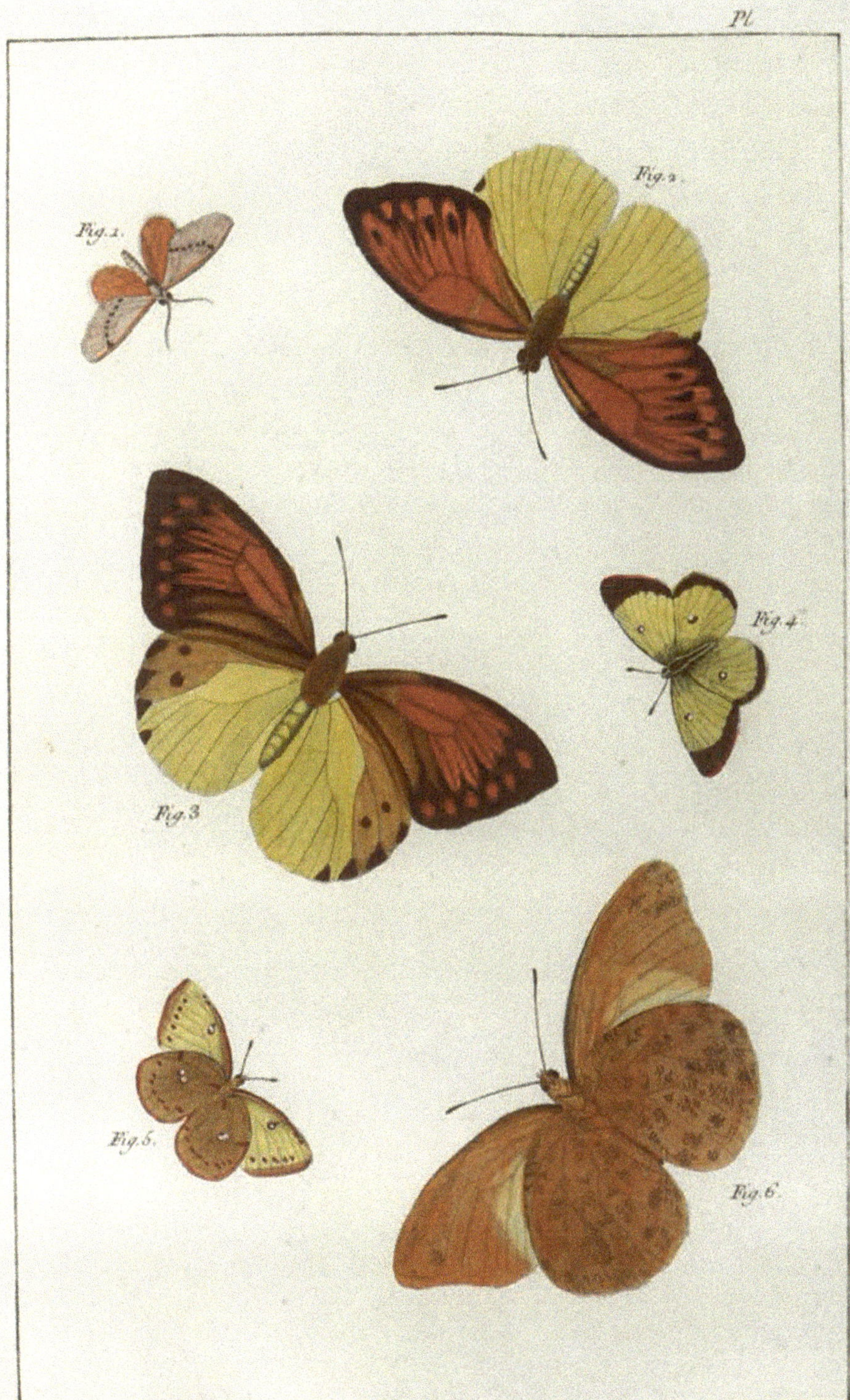
Pl.
Fig. 1.
Fig. 2.
Fig. 3
Fig. 4
Fig. 5.
Fig. 6.

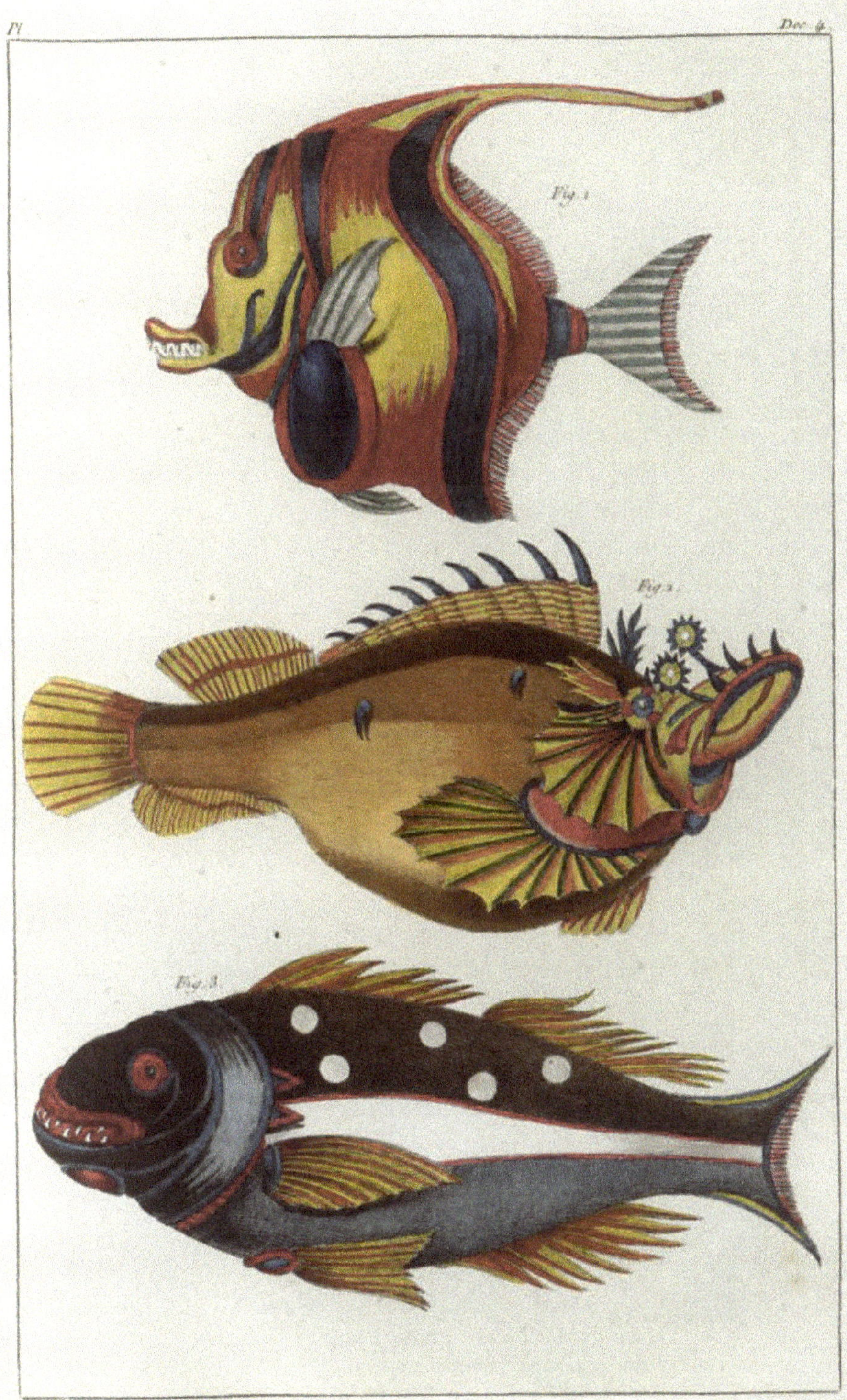
Fig. 1
Fig. 2
Fig. 3

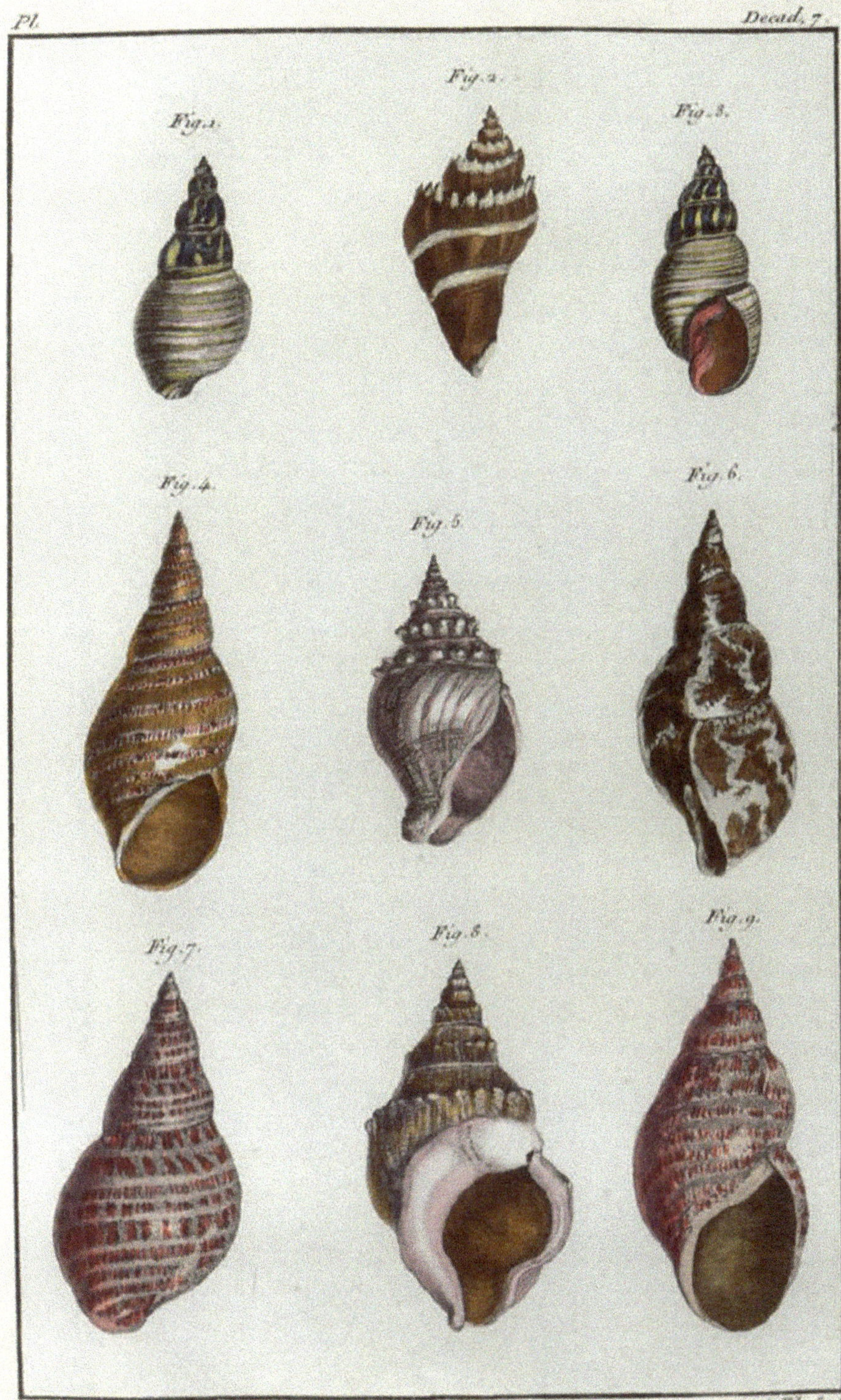

Desmoulins, Pinx. Dupin Fils, Sculp.

Pl. Decad. 4.

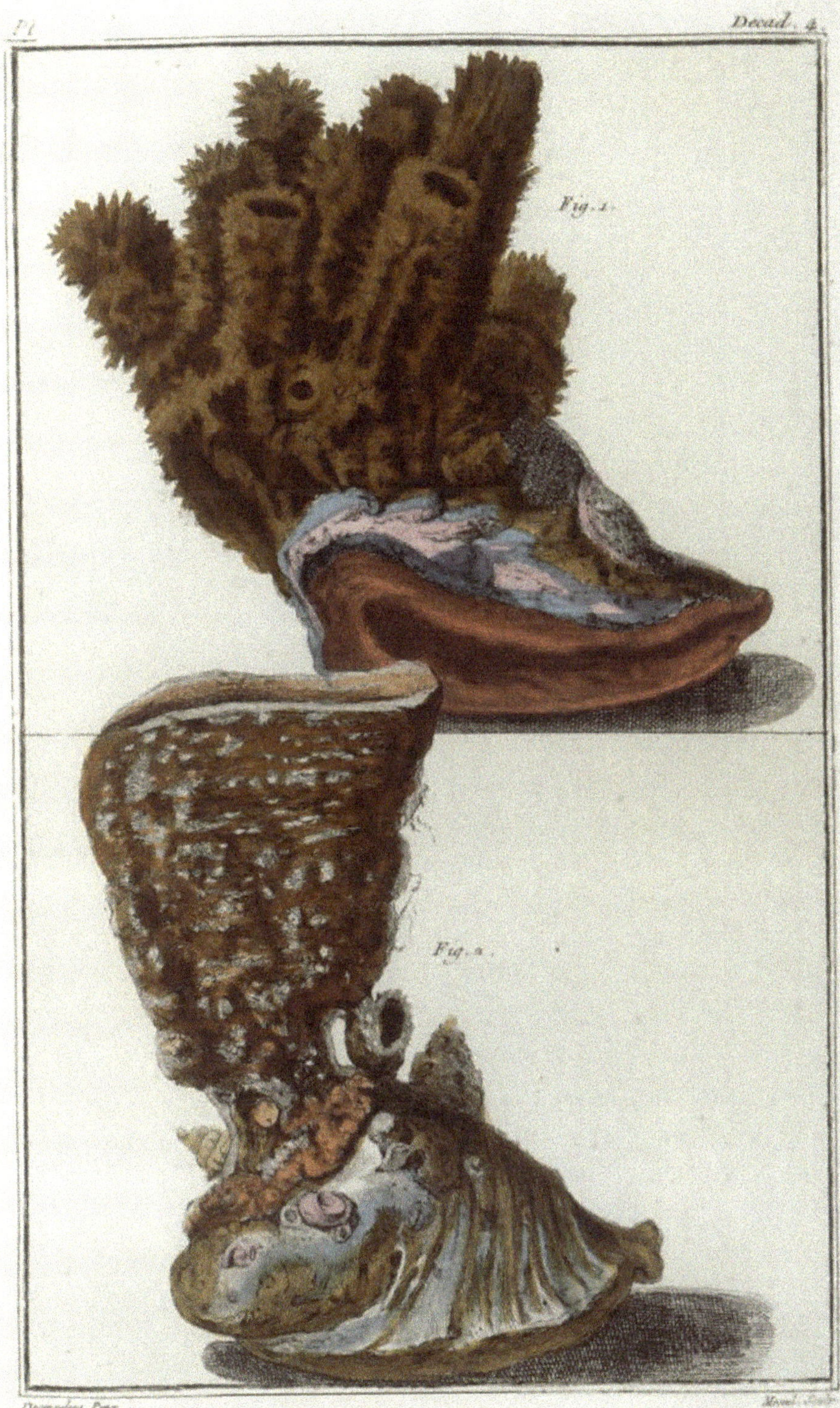

Pl. VIII

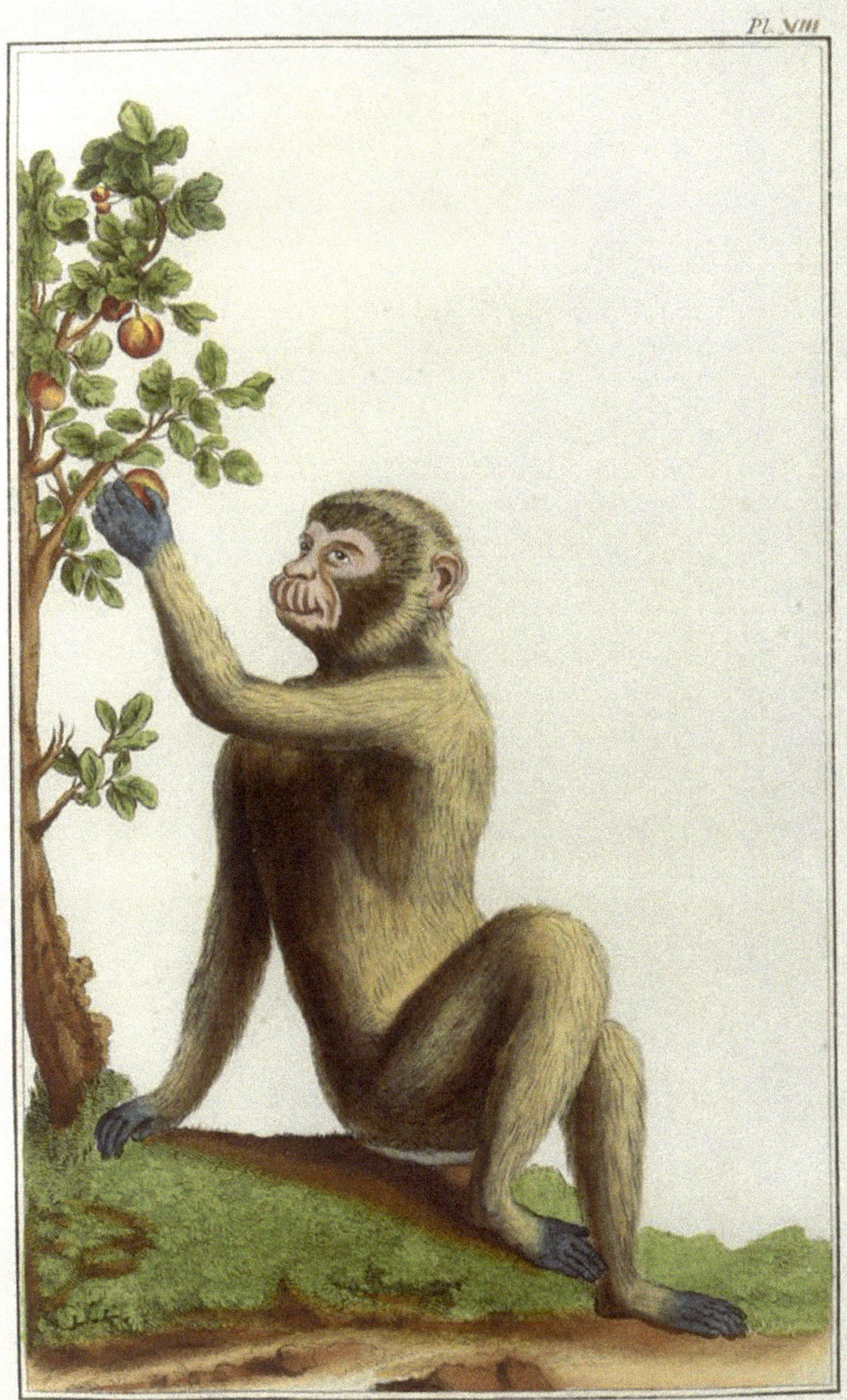

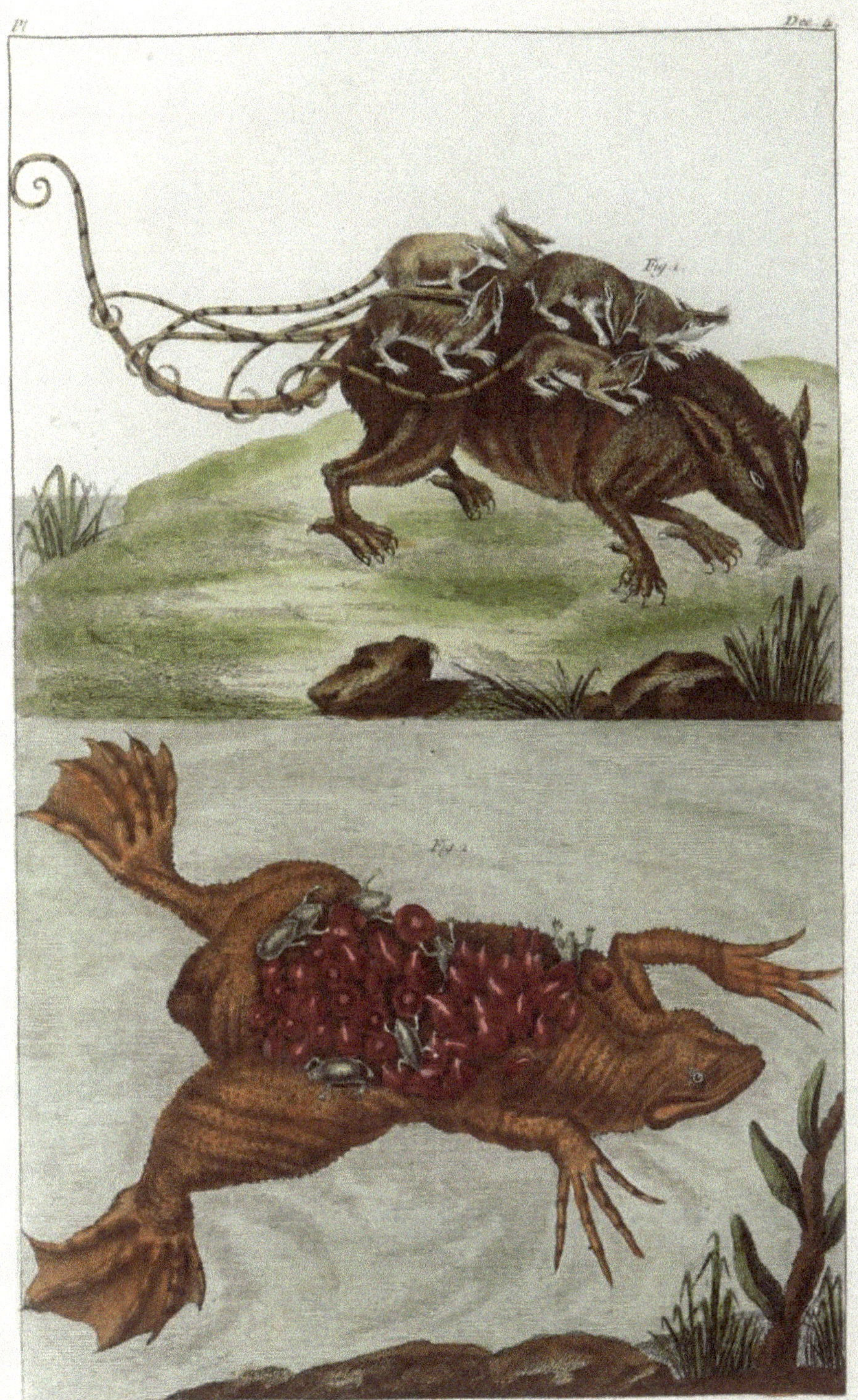
Pl
Dec. 4
Fig. 1
Fig. 2

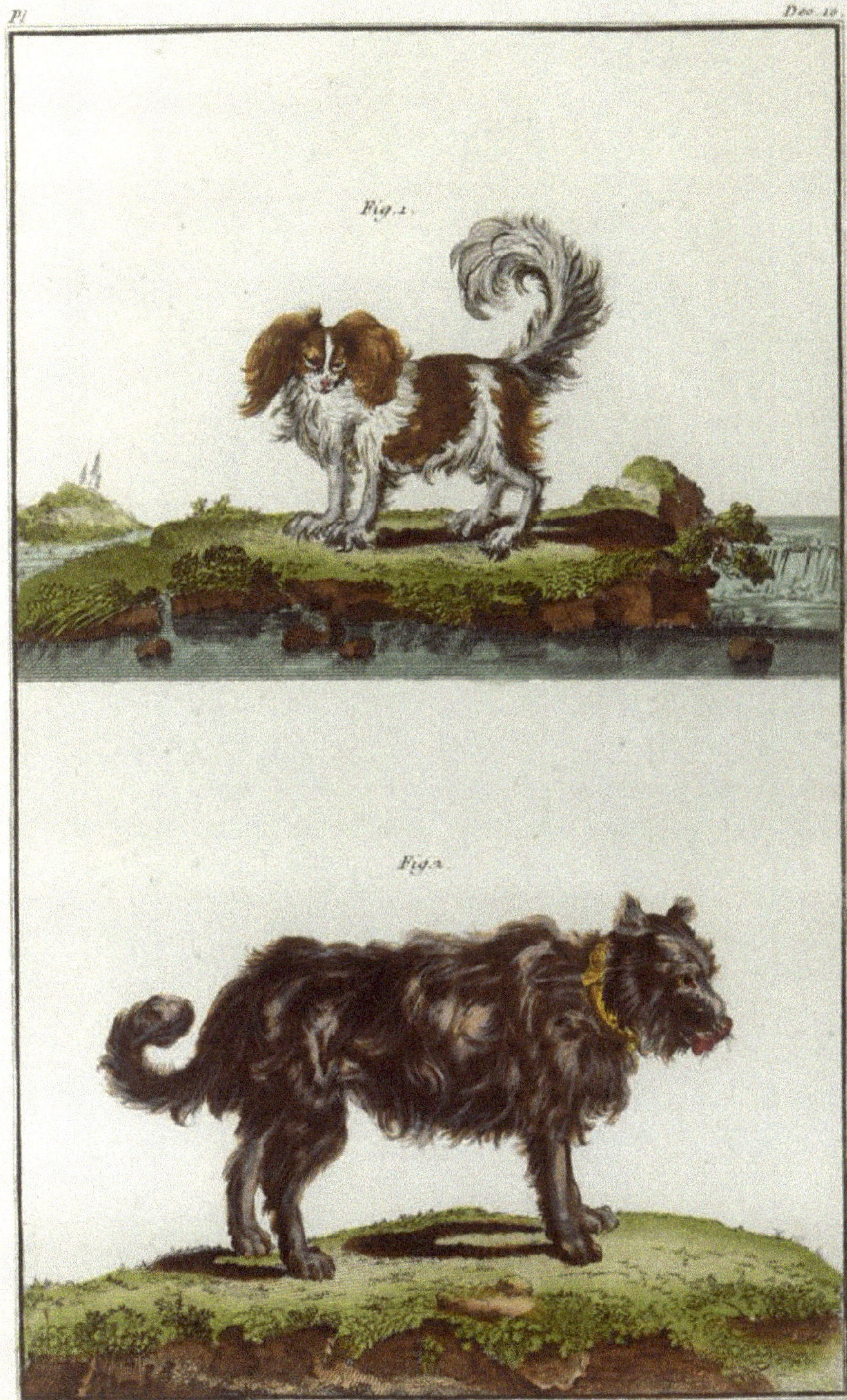
Pl
Dec. 14.
Fig. 1.
Fig. 2.
Cent. 2.

Pl.

Decad. 10.

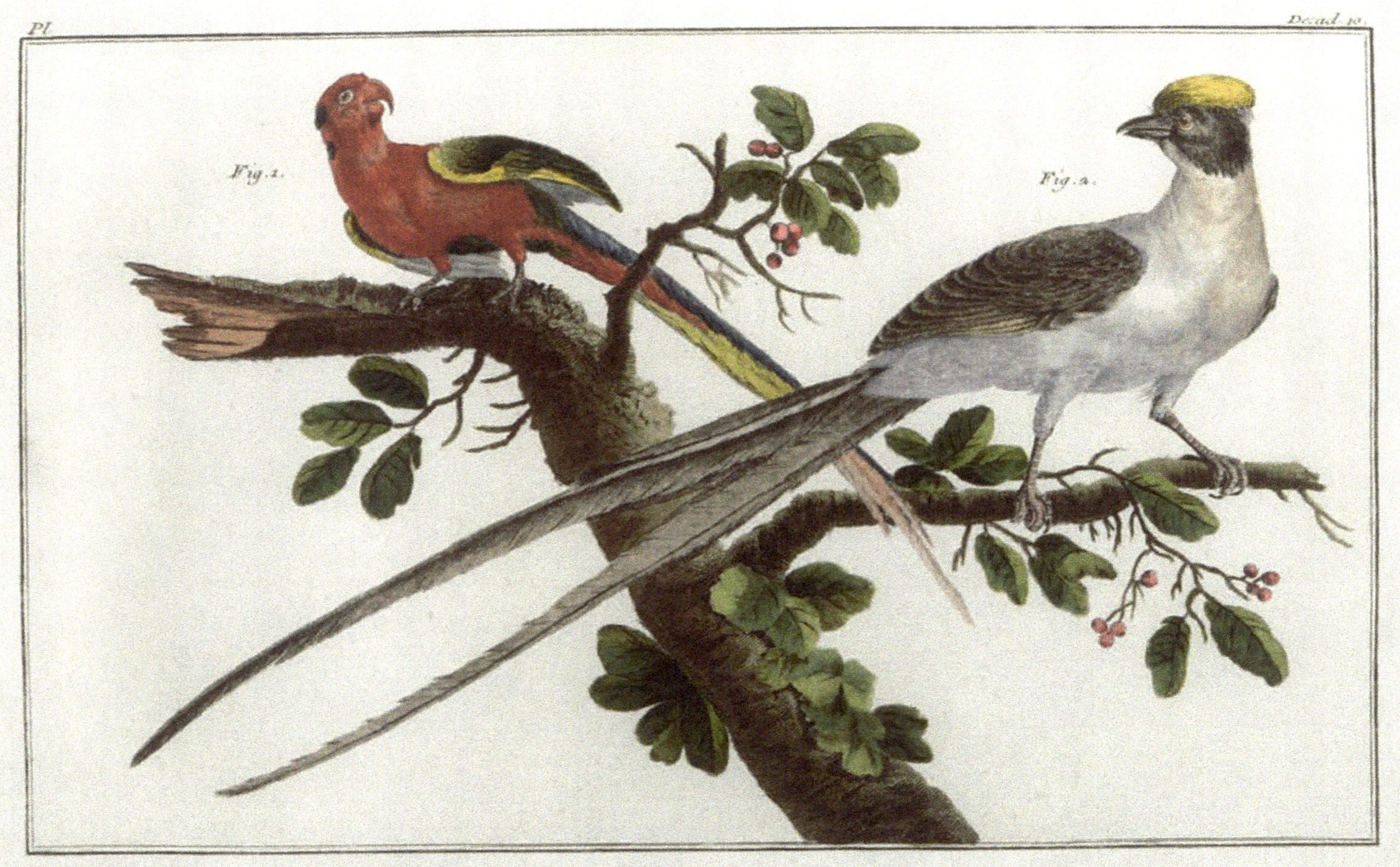

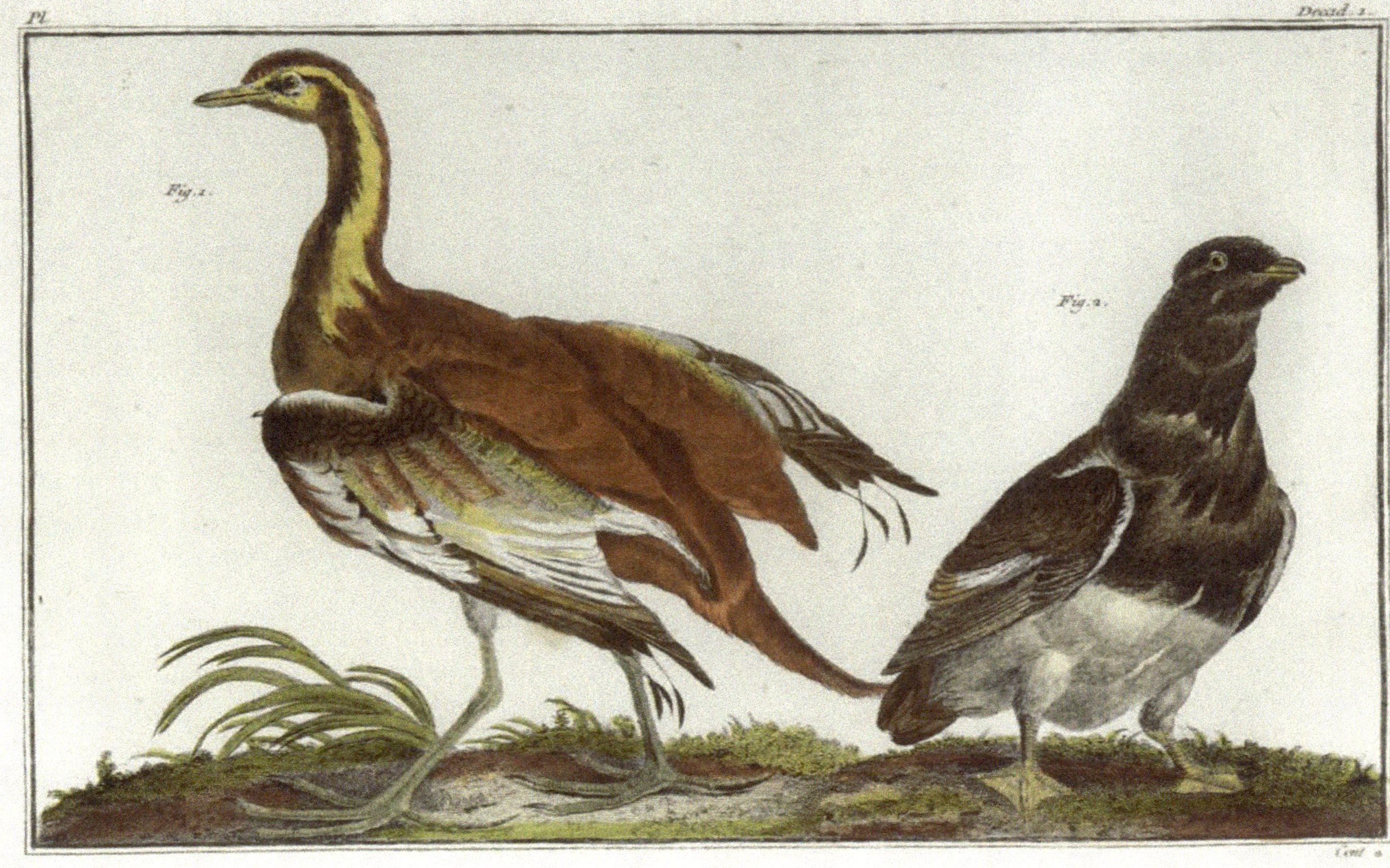
Pl
Decad. 1.
Fig. 1.
Fig. 2.

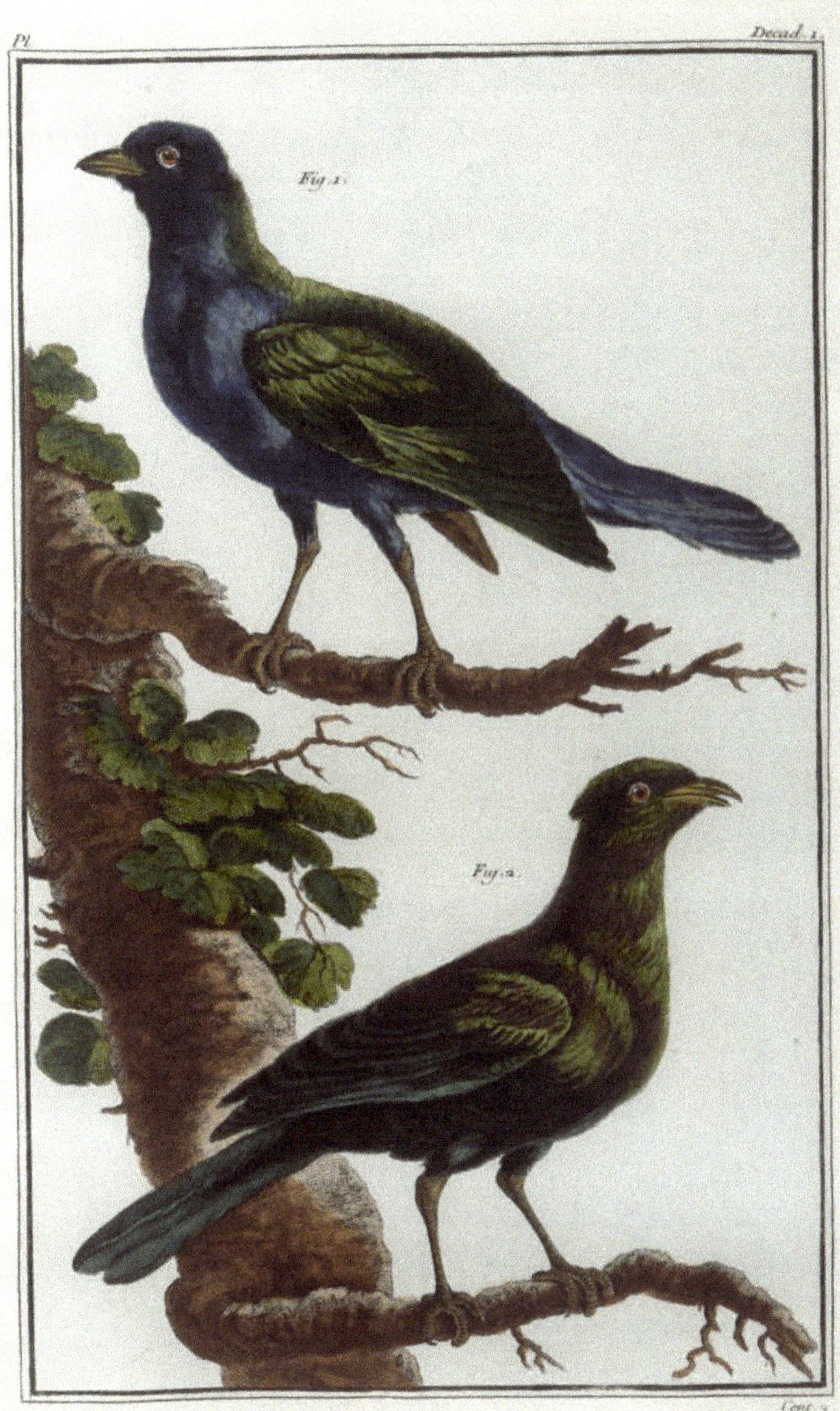
Fig. 1.
Fig. 2.

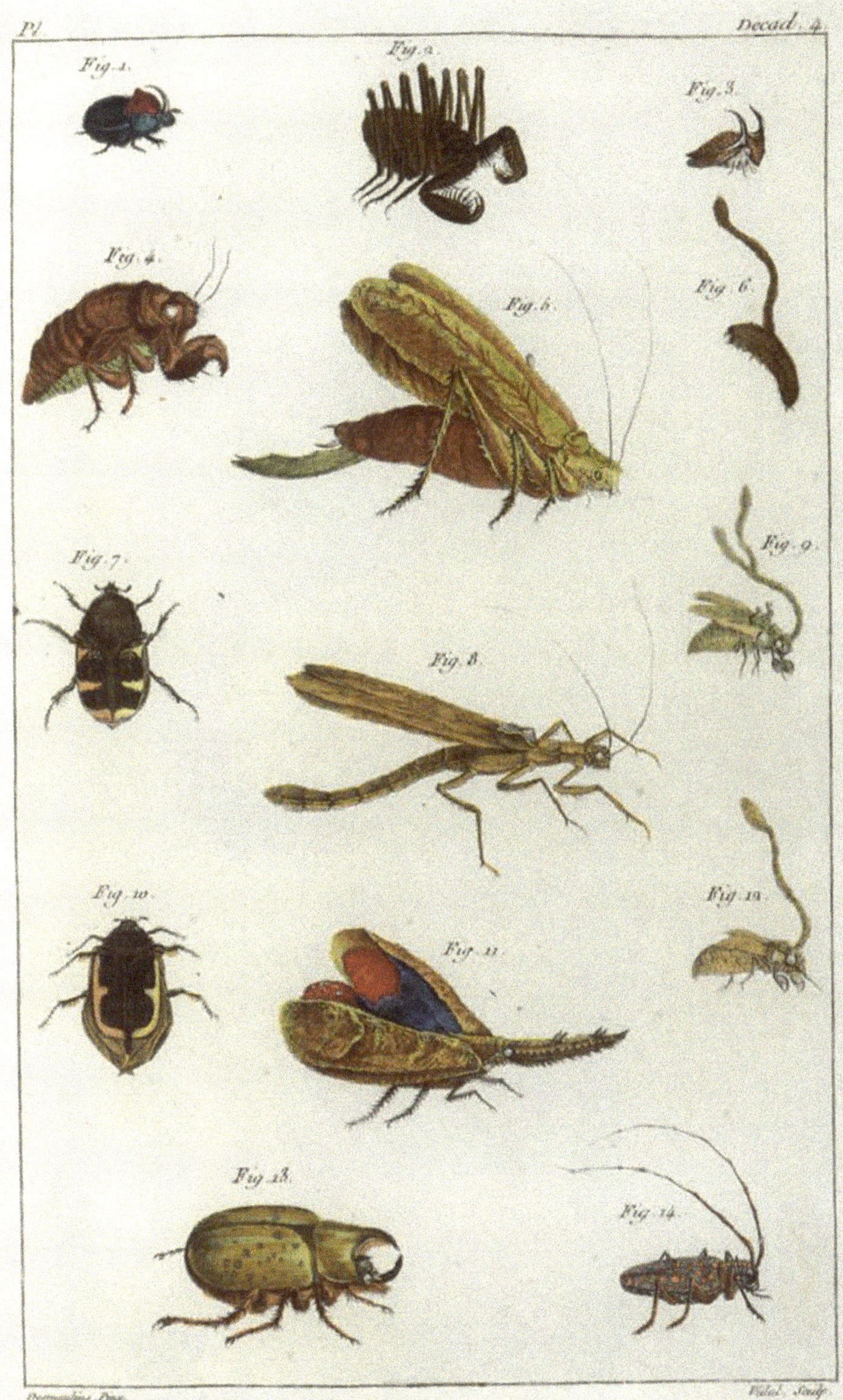
Pl
Decad. 4
Fig. 1.
Fig. 2.
Fig. 3.
Fig. 4.
Fig. 5.
Fig. 6.
Fig. 7.
Fig. 8.
Fig. 9.
Fig. 10.
Fig. 11.
Fig. 12.
Fig. 13.
Fig. 14.

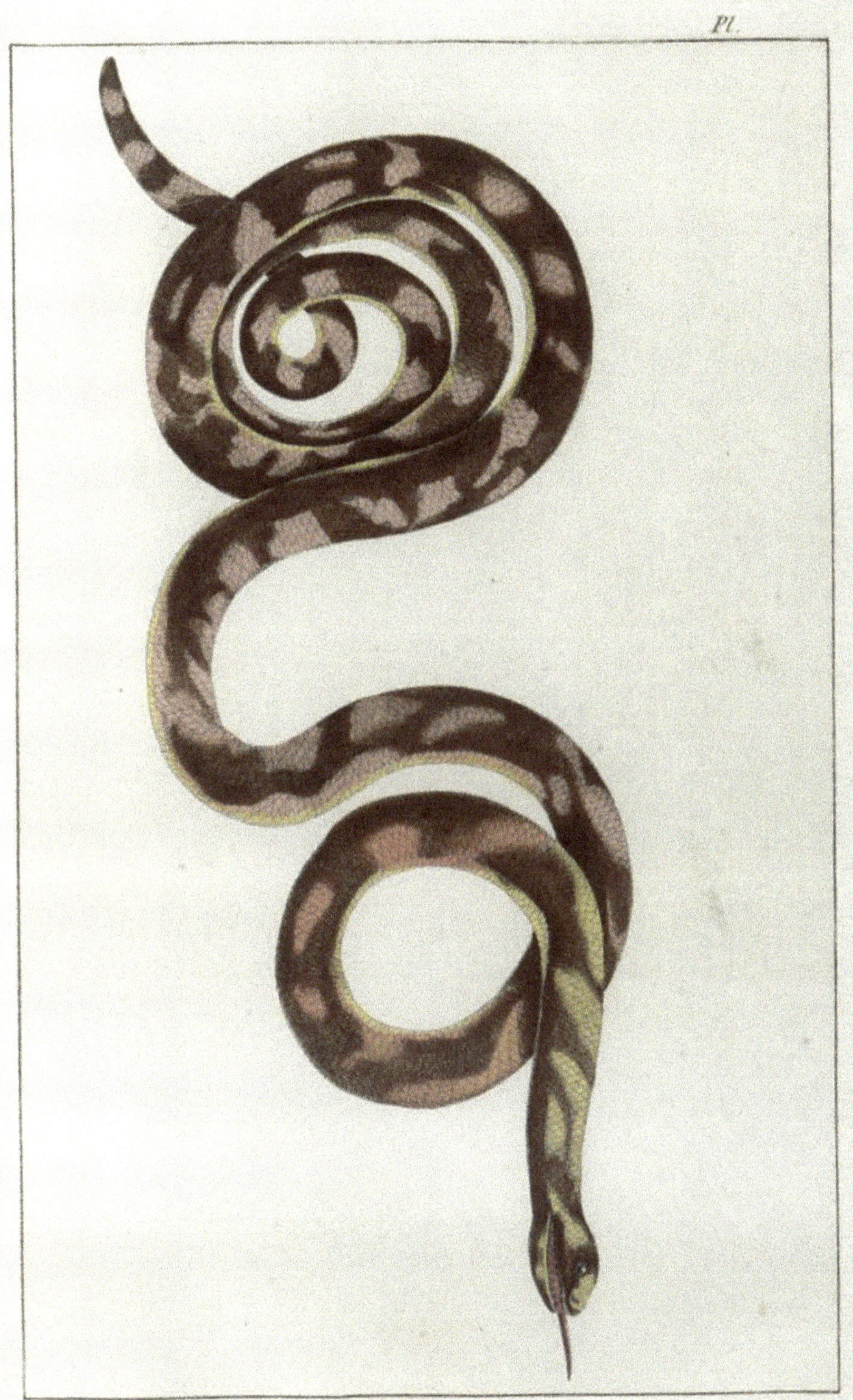

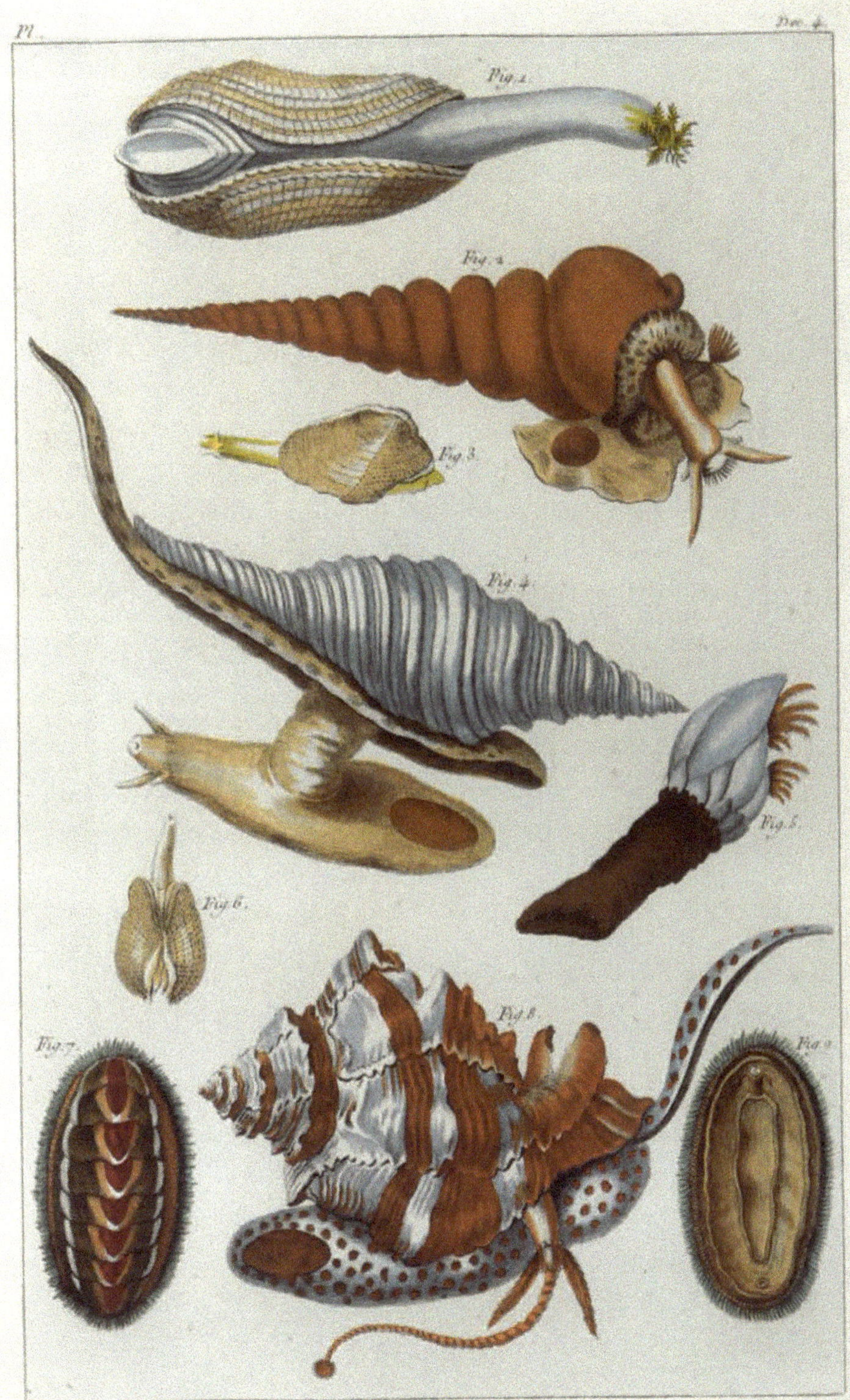
Fig. 1.
Fig. 2.
Fig. 3.
Fig. 4.
Fig. 5.
Fig. 6.
Fig. 7.
Fig. 8.
Fig. 9.

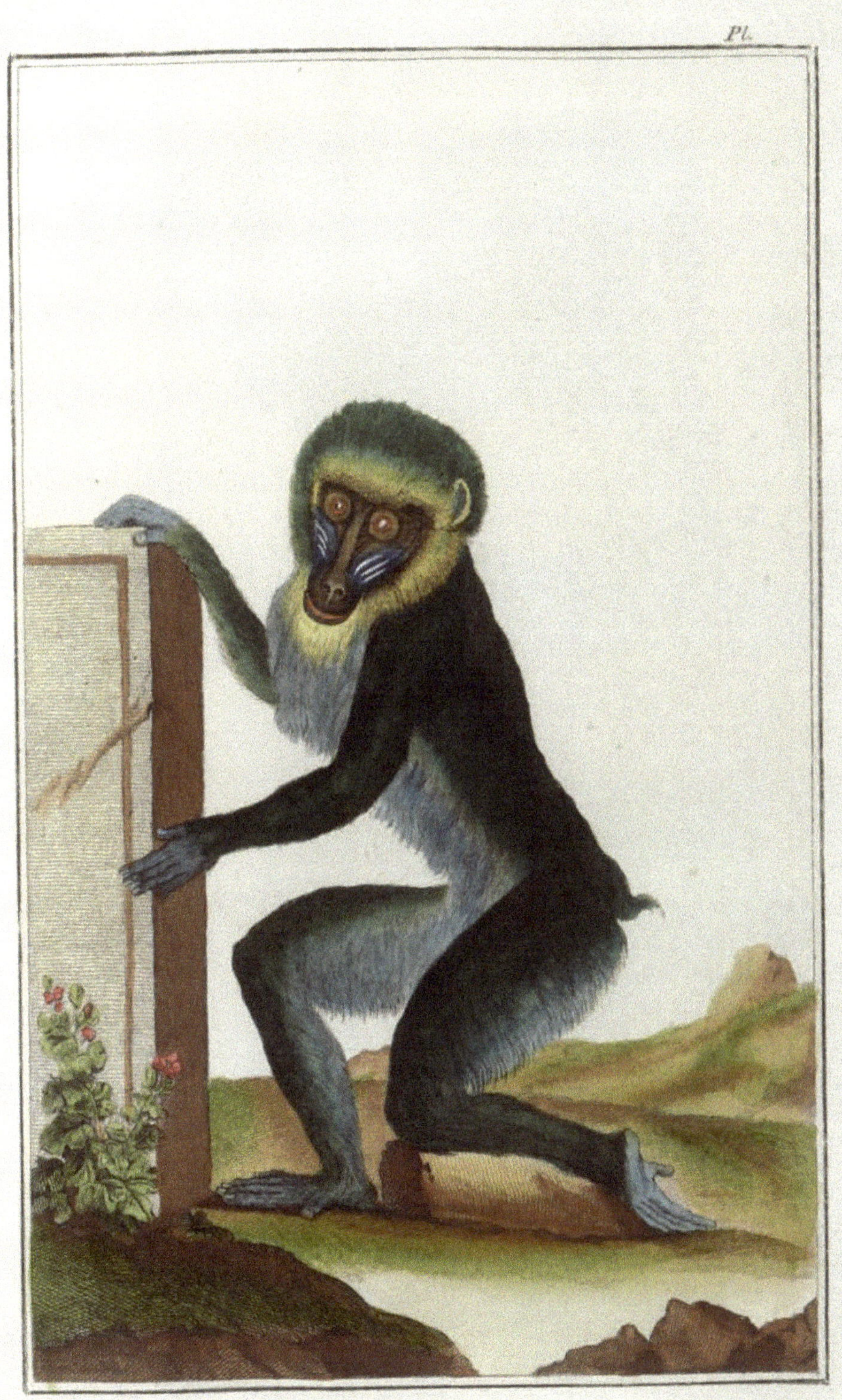

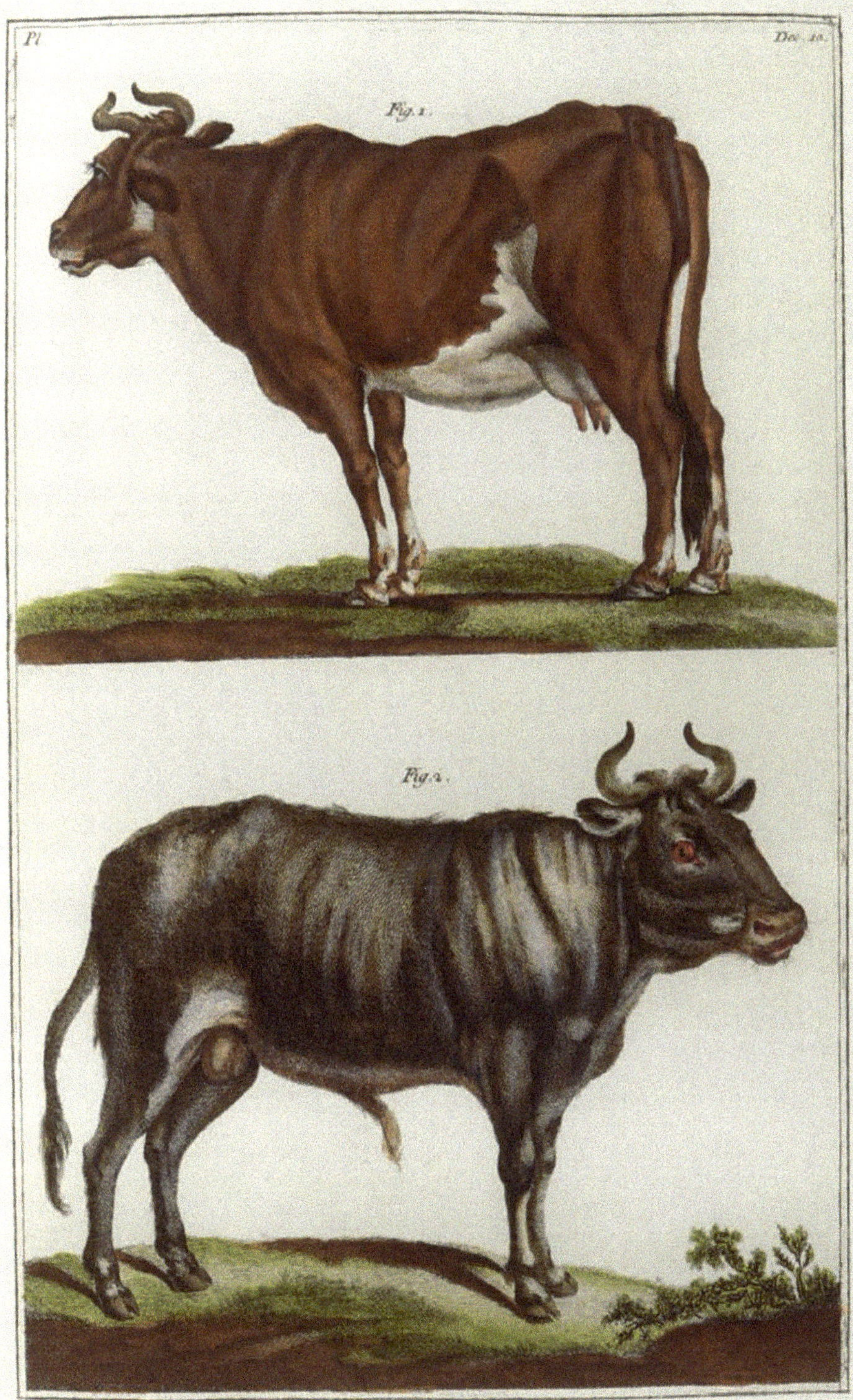

Cent. 2.

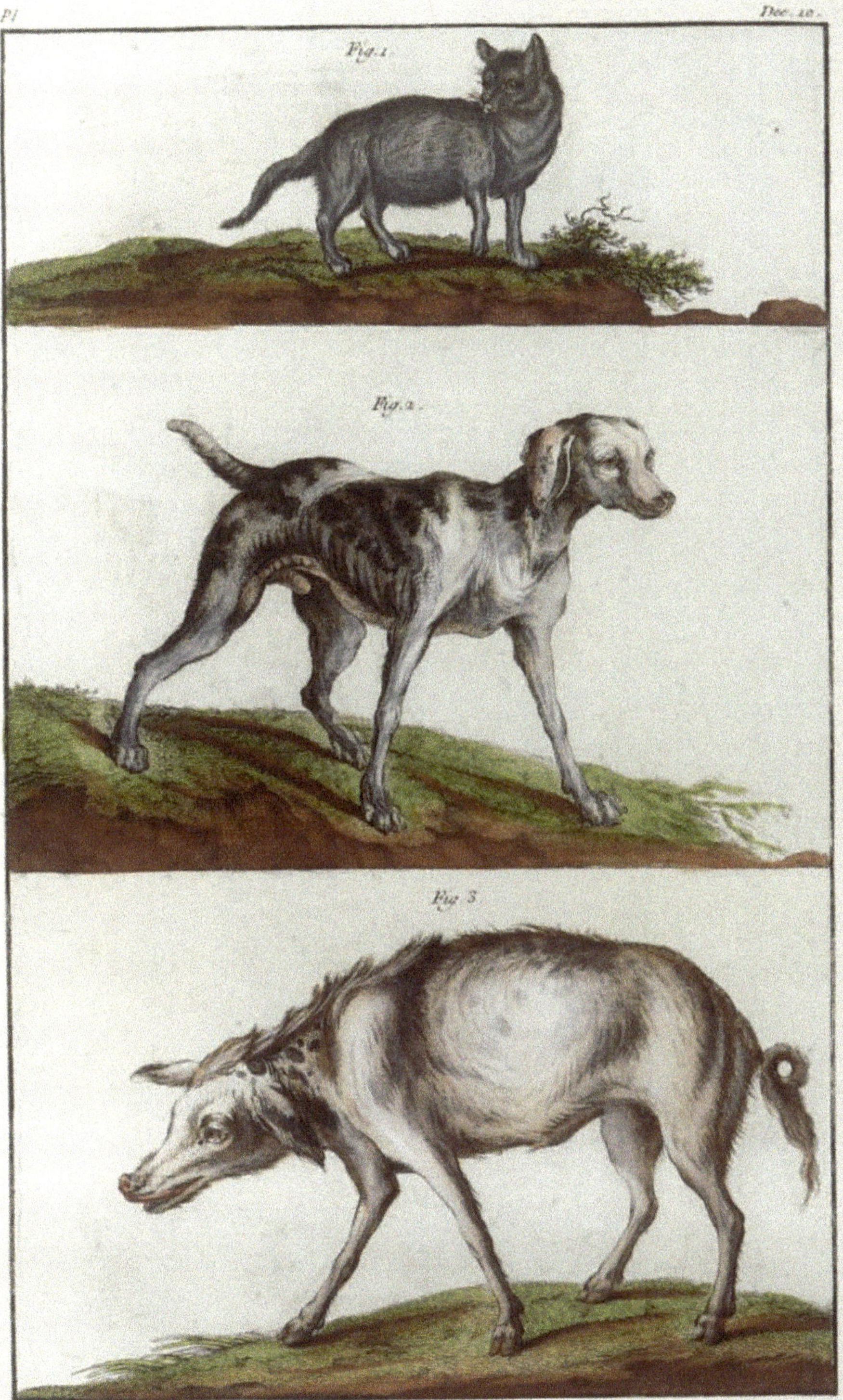
Pl
Dec. 10.
Fig. 1.
Fig. 2.
Fig 3
Cent. 2.

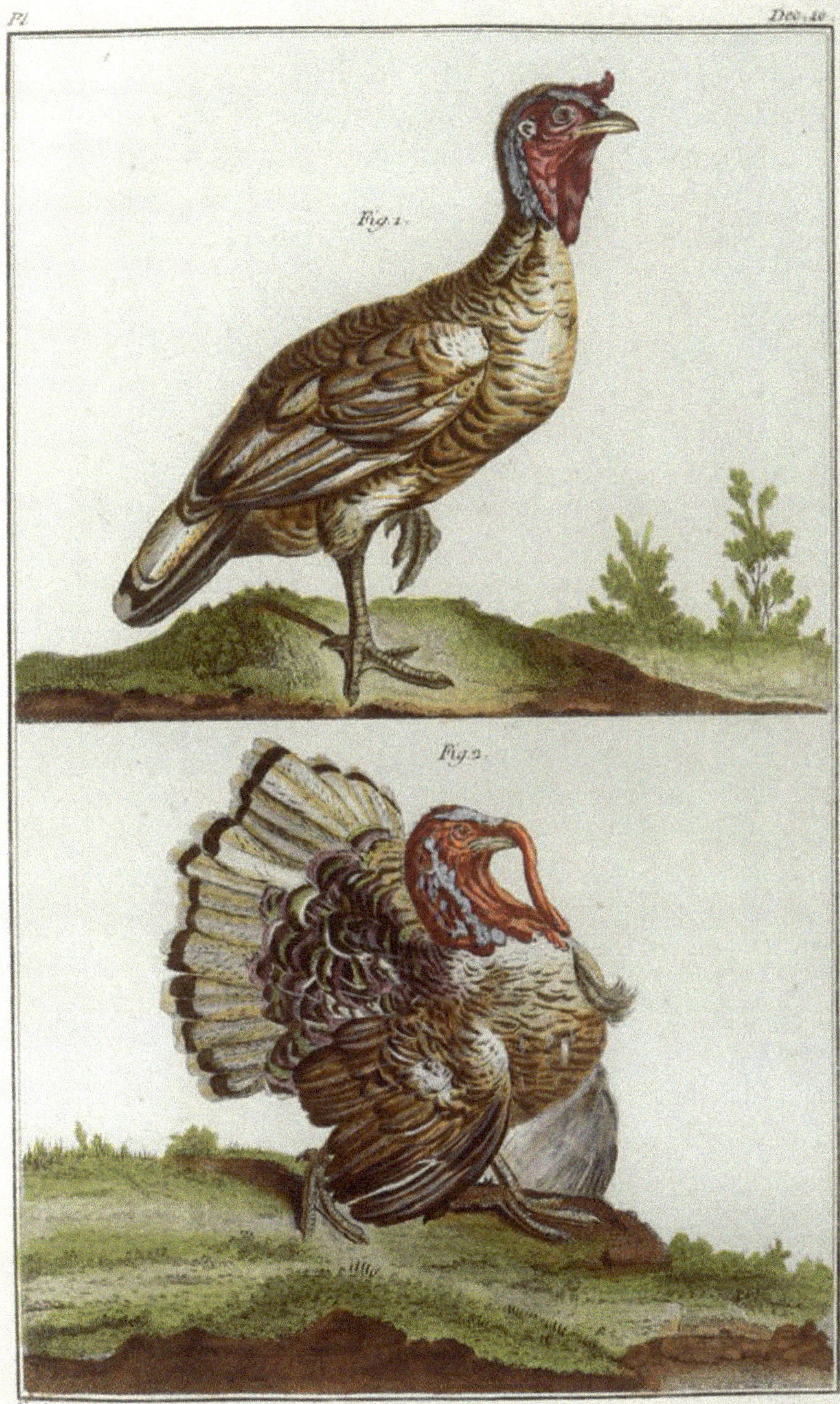
Pl.
Fig. 1.
Fig. 2.

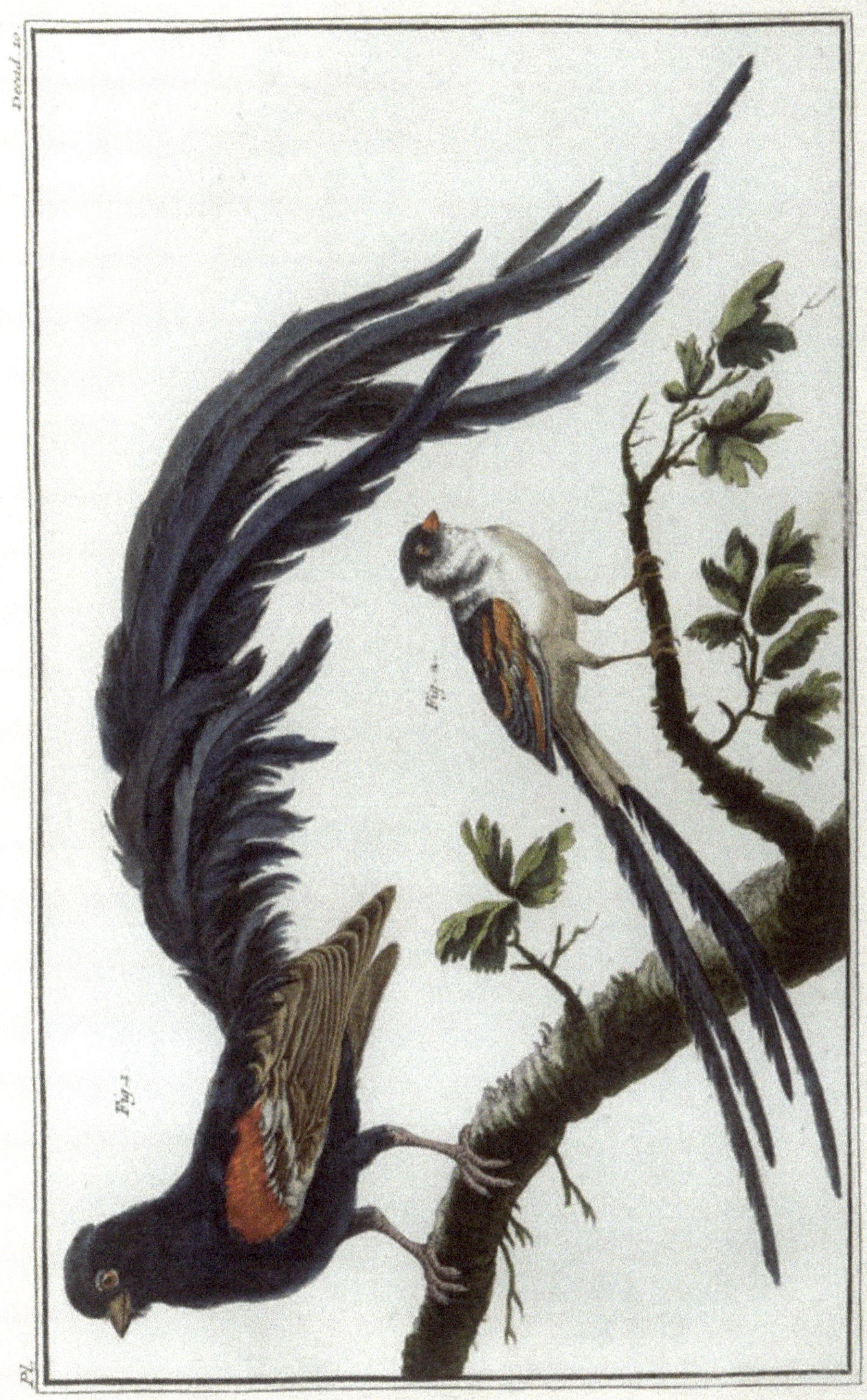

Fig. 1. Fig. 2. Fig. 3. Fig. 4.

Fig. 5. Fig. 6. Fig. 7. Fig. 8.

Fig. 9. Fig. 10. Fig. 11. Fig. 12.

Fig. 13. Fig. 14. Fig. 15. Fig. 16.

Fig. 17. Fig. 18. Fig. 19. Fig. 20.

Fig. 21. Fig. 22. Fig. 23. Fig. 24.

Fig. 25. Fig. 26. Fig. 27. Fig. 28.

Fig. 29. Fig. 30. Fig. 31. Fig. 32.

Domenicus del. Vin. Vangelisti Sculp.

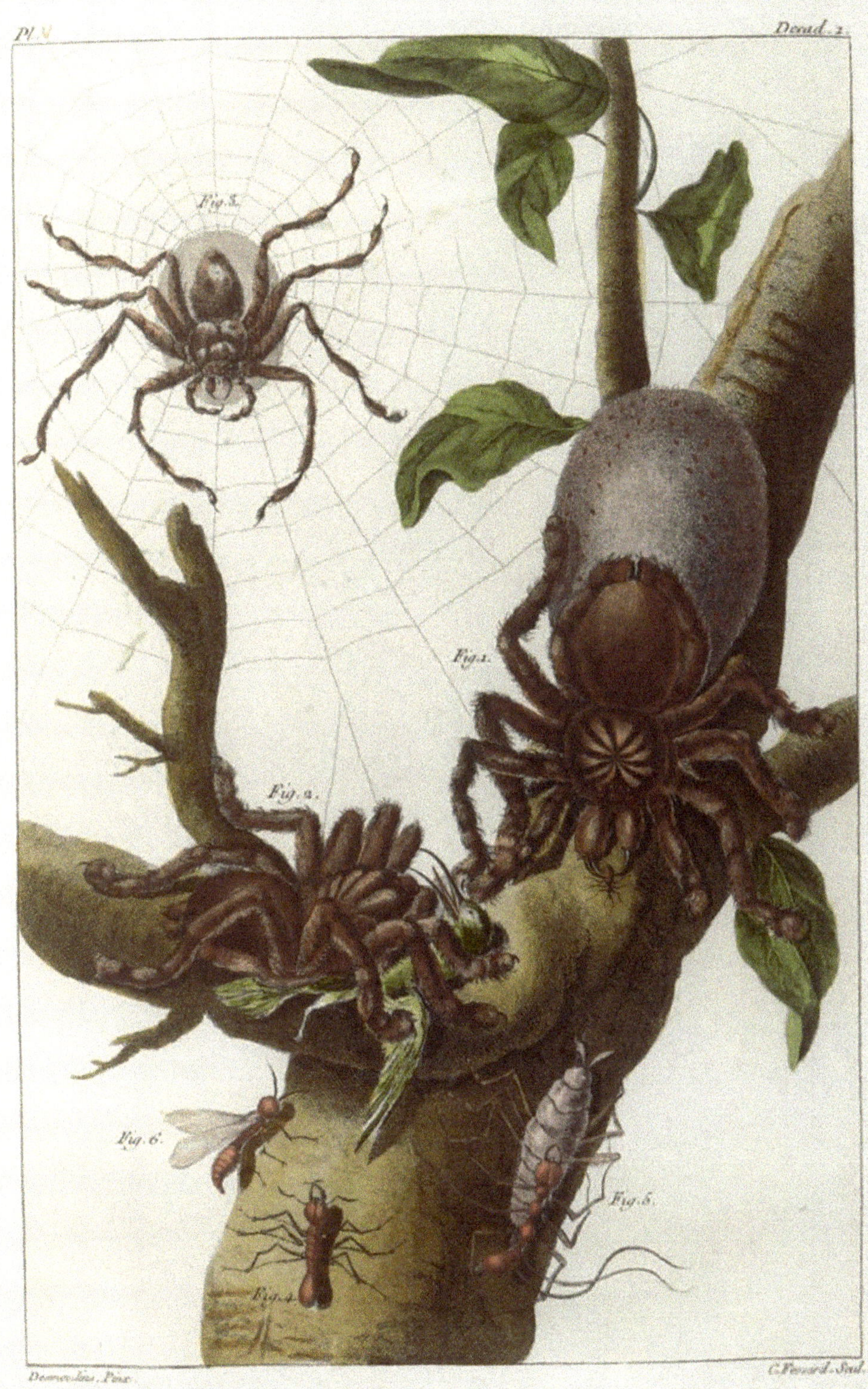
Pl. 8
Decad. 2.
Fig. 3.
Fig. 1.
Fig. 2.
Fig. 6.
Fig. 5.
Fig. 4.
Desmoulins. Pinx.
C. Fessard. Sculp.

Pl. VII

Decad. I.

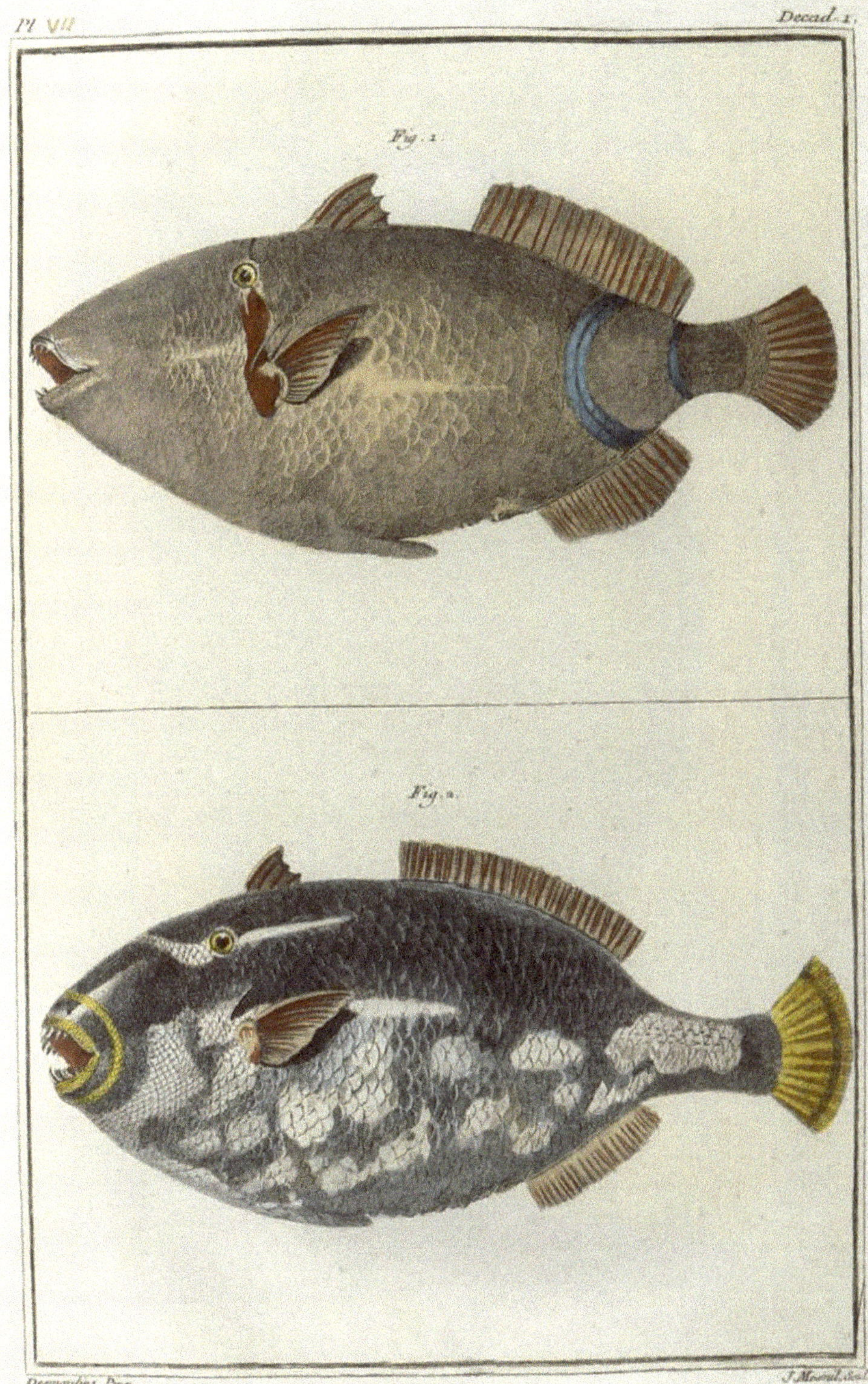

Desmoulins. Pinx.

J. Mesnil. Sculp.

Pl. *Decad. 4.*

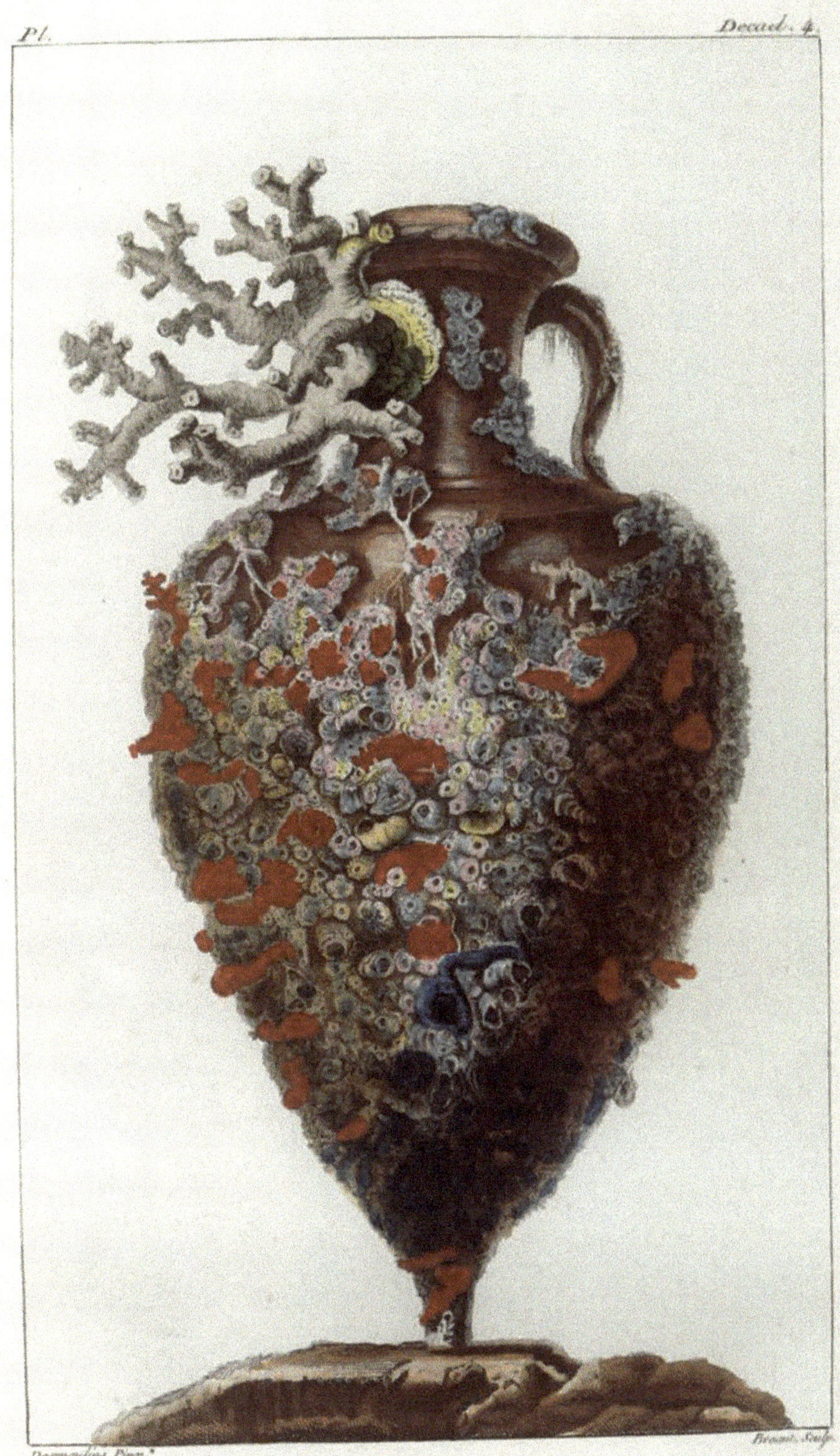

Desmoulins. Pinx.t *Bruant. Sculp.*

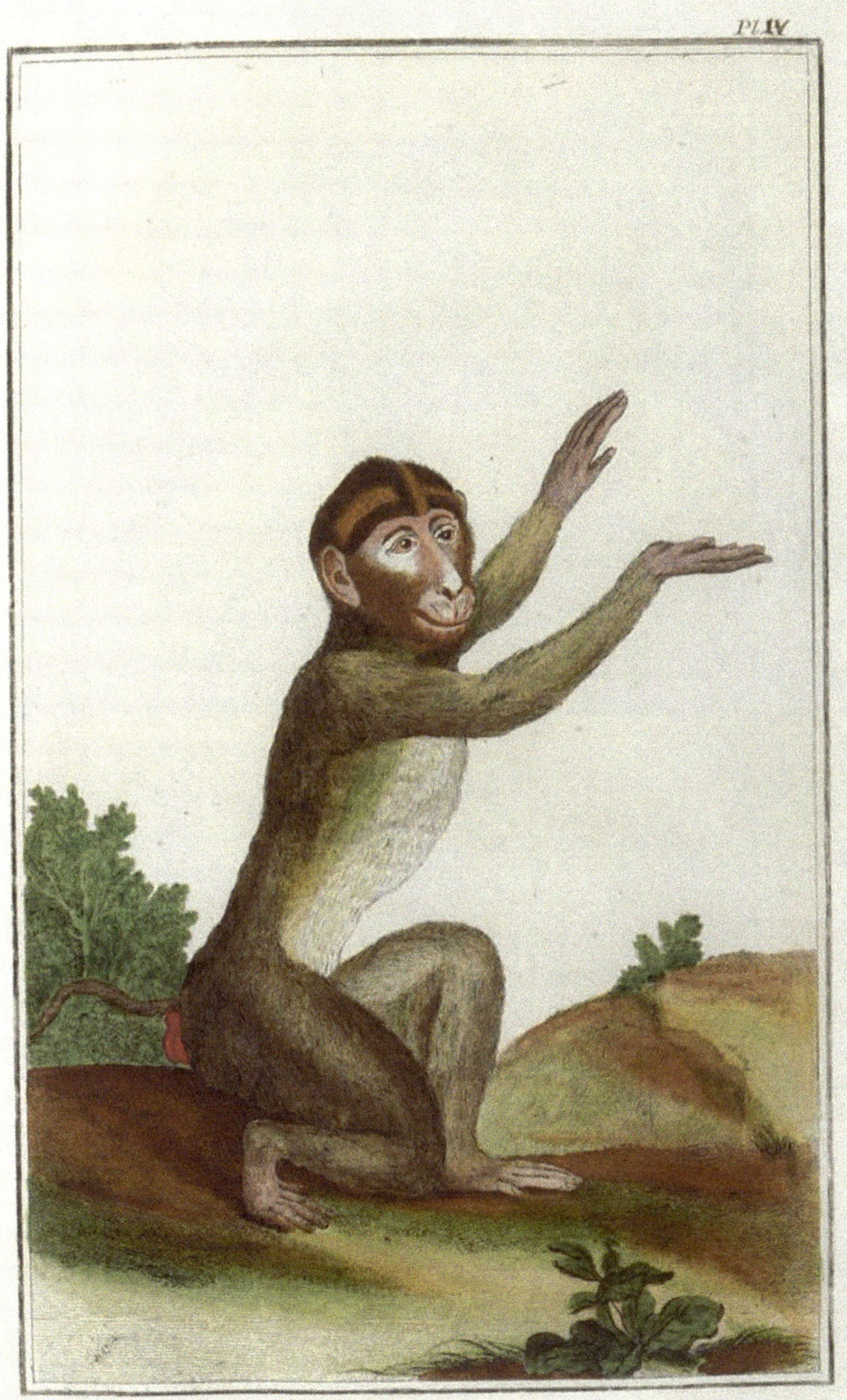
Pl.IV

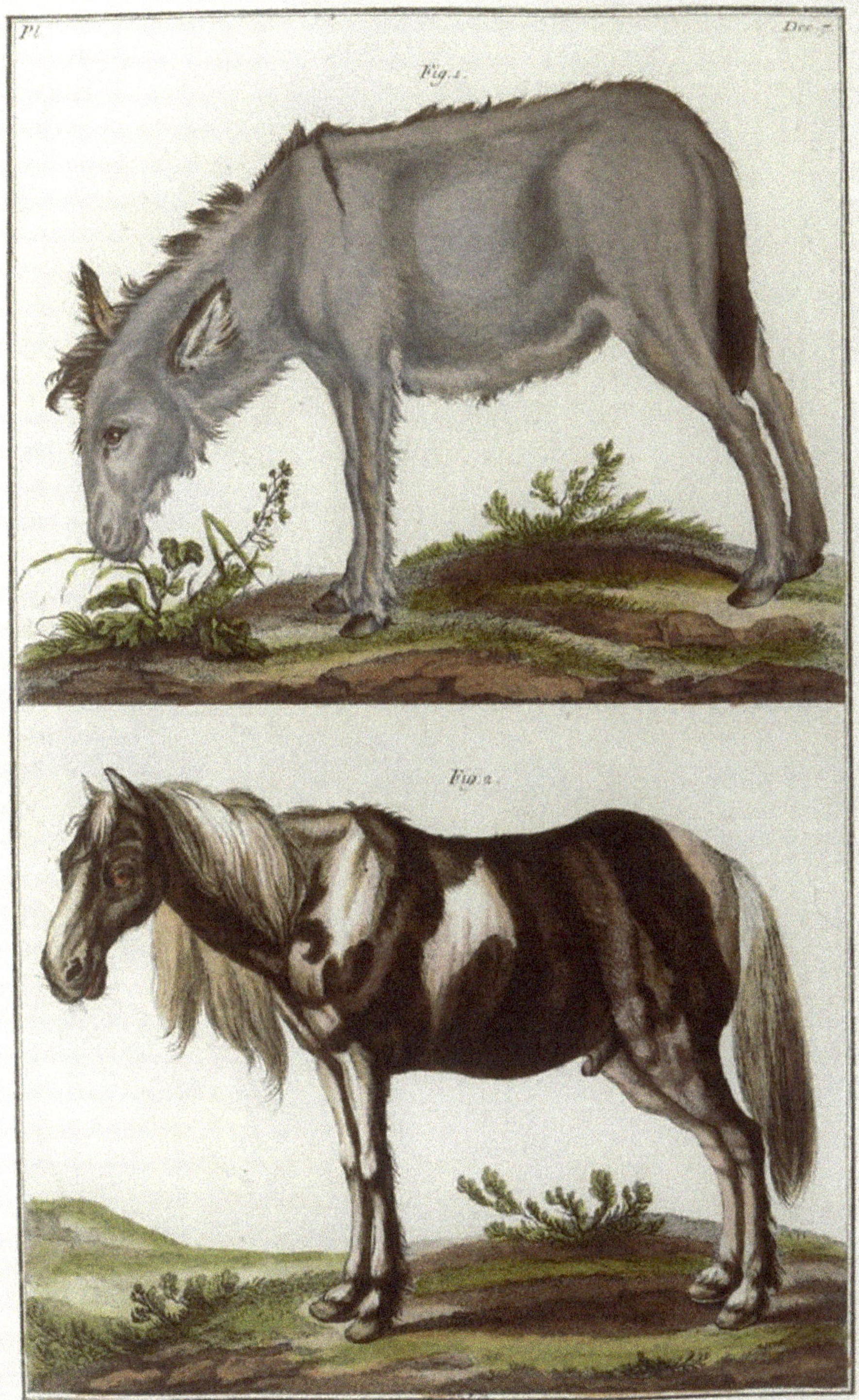

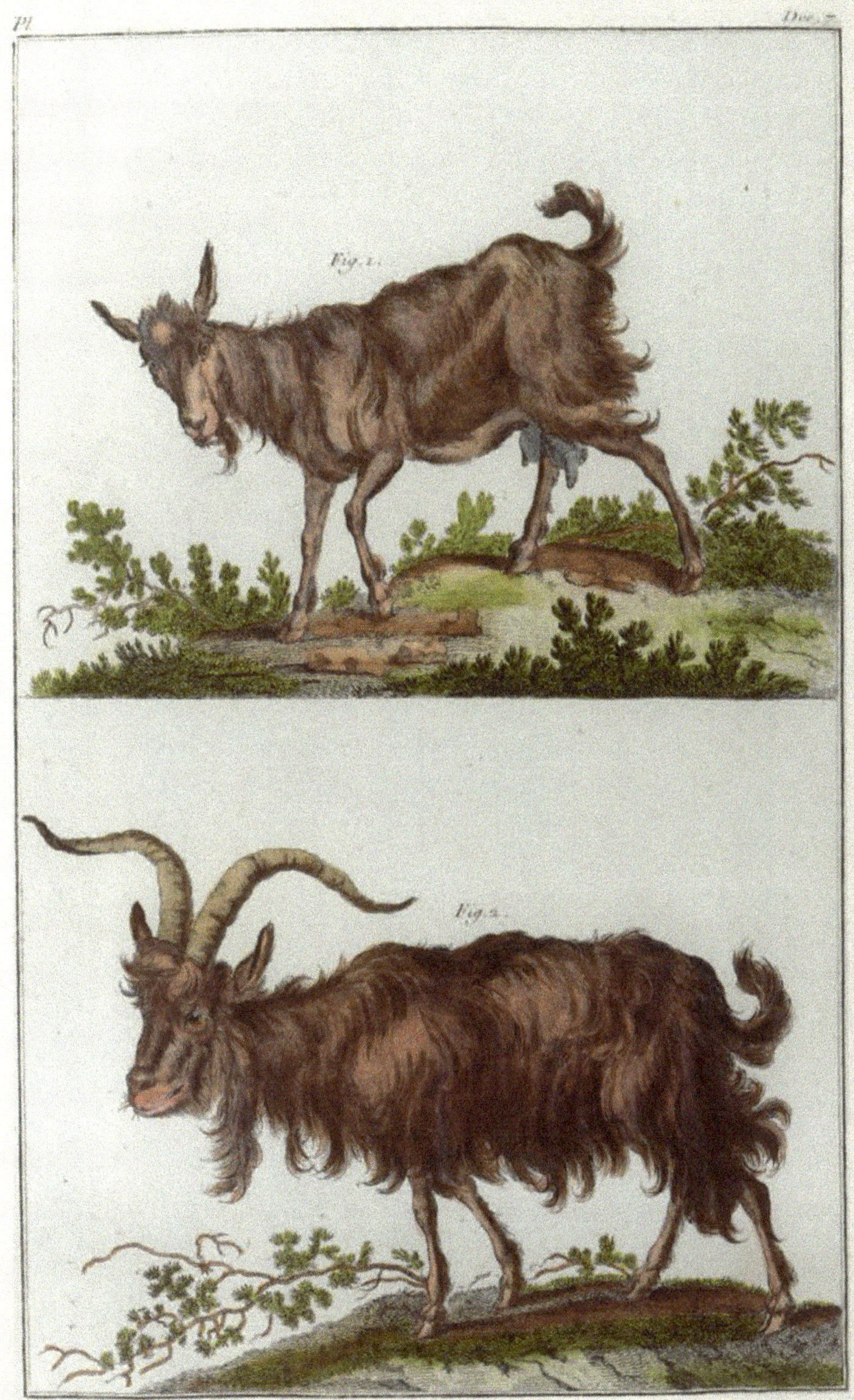
Pl
Dec. 7
Fig. 1.
Fig. 2.
Cent. 2

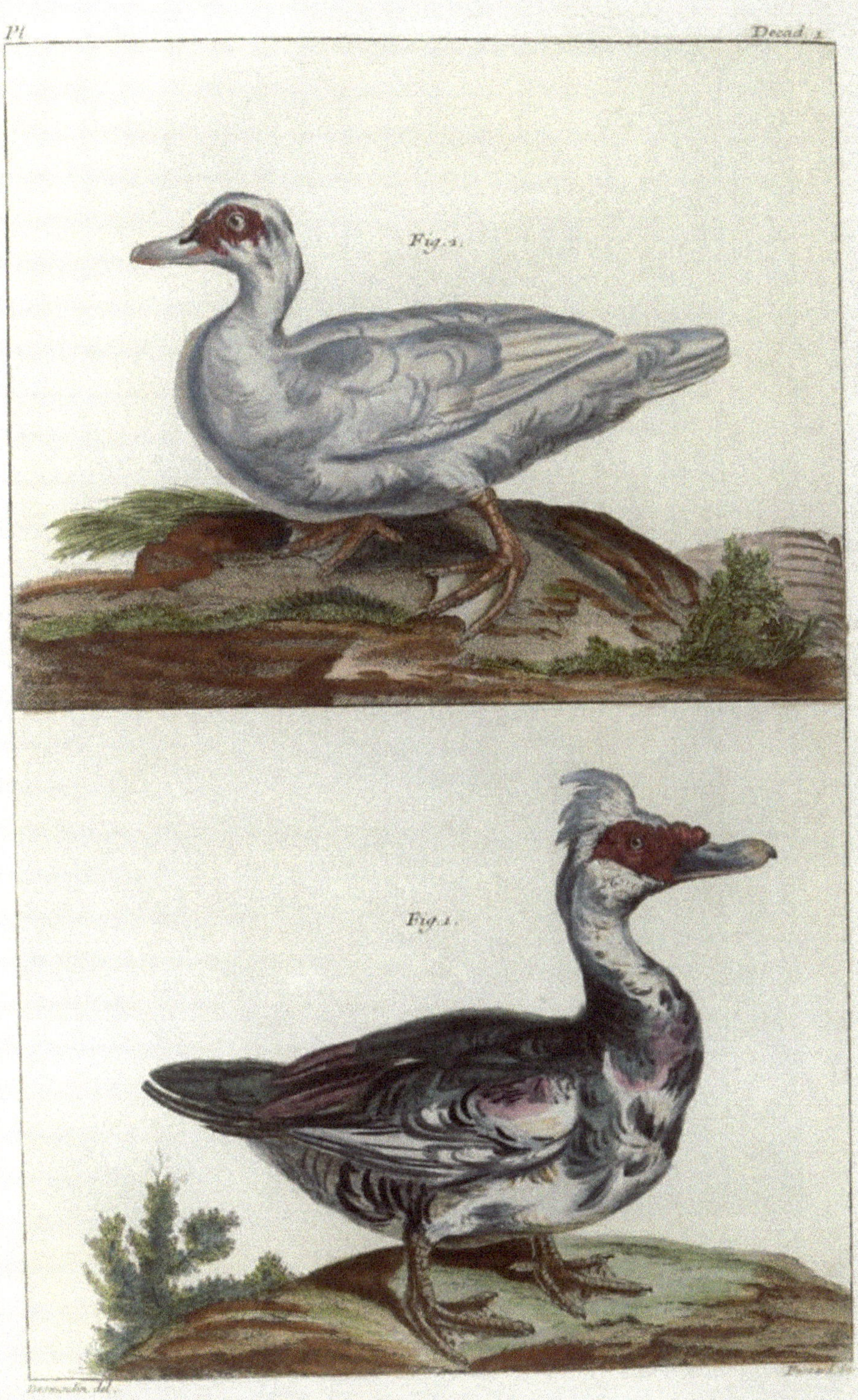
Pl
Decad. 1
Fig. 2.
Fig. 1.

17 Decad. 1.

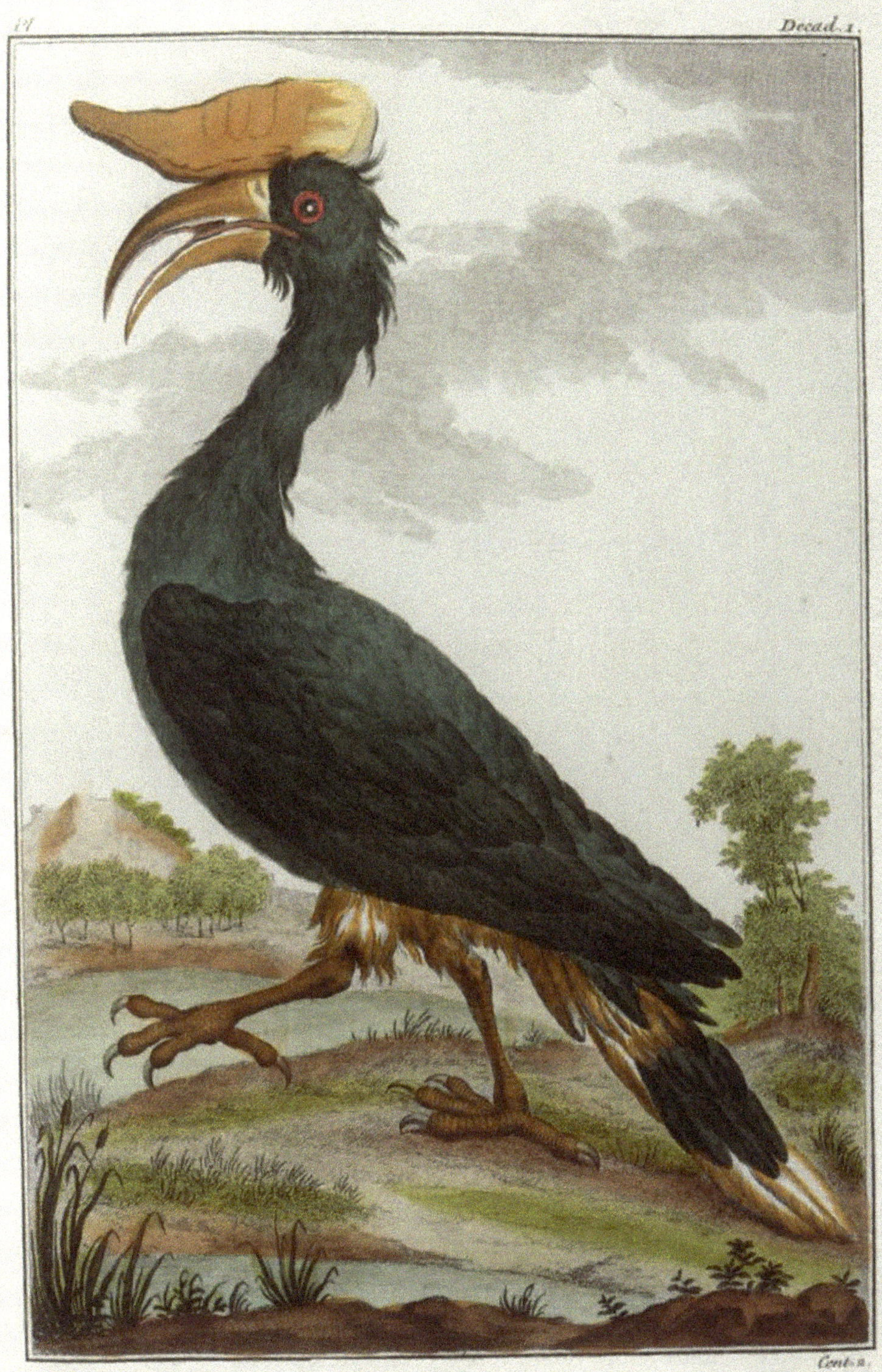

Cent. 2.

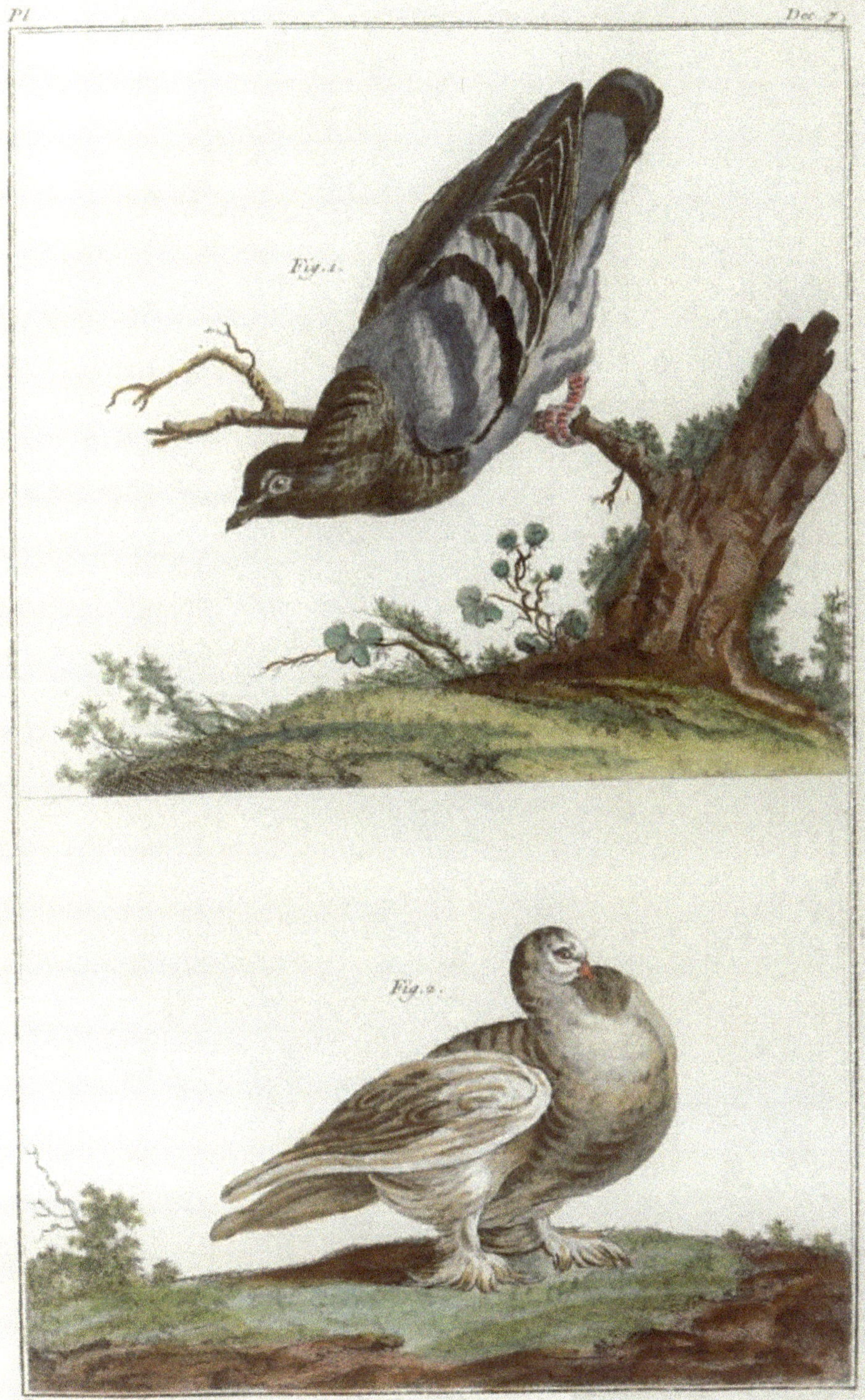
Pl.
Dec. 7.
Fig. 1.
Fig. 2.
Cent. 2.

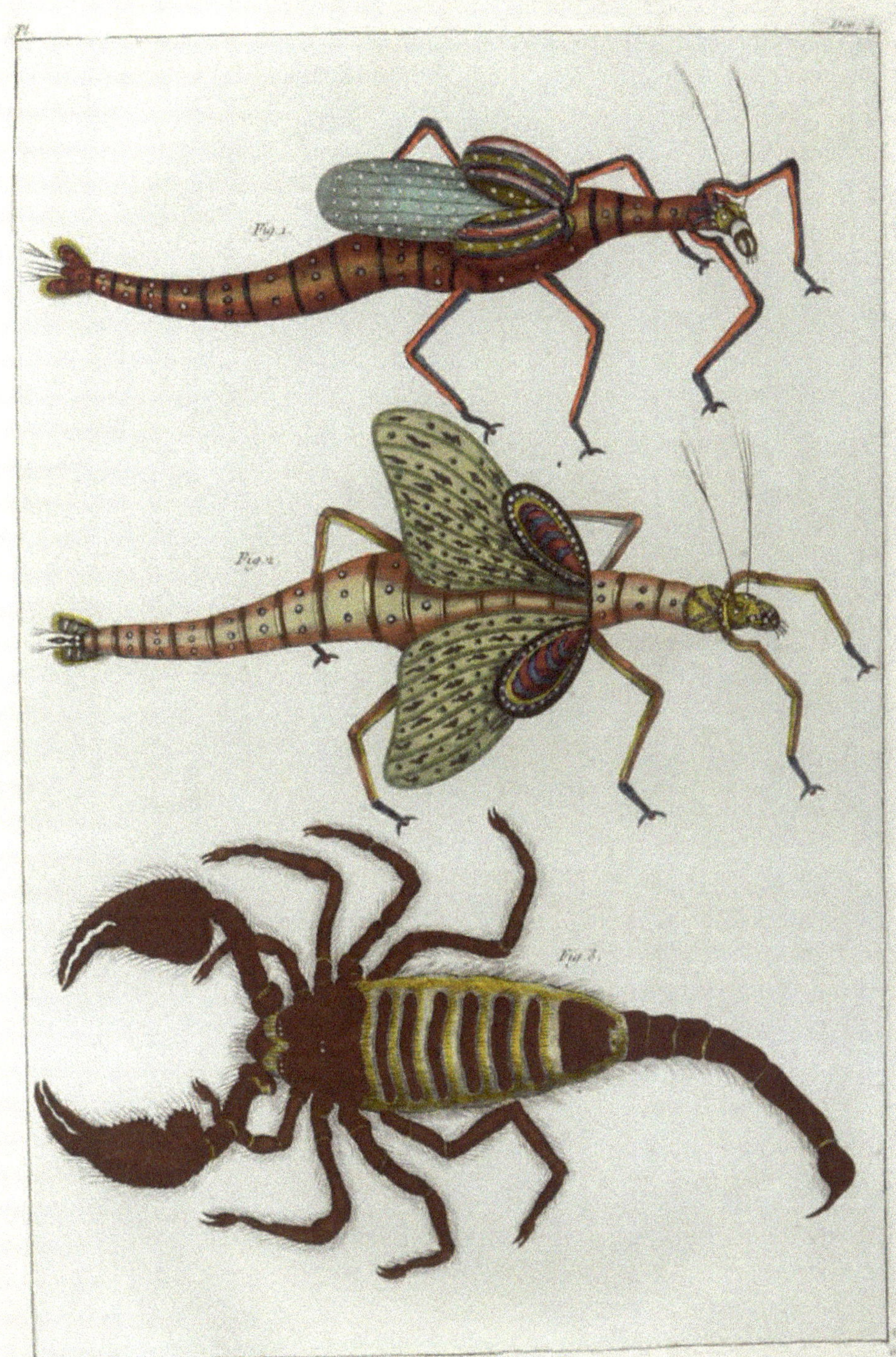
Fig. 1.
Fig. 2.
Fig. 3.

Pl. Decad. 1.

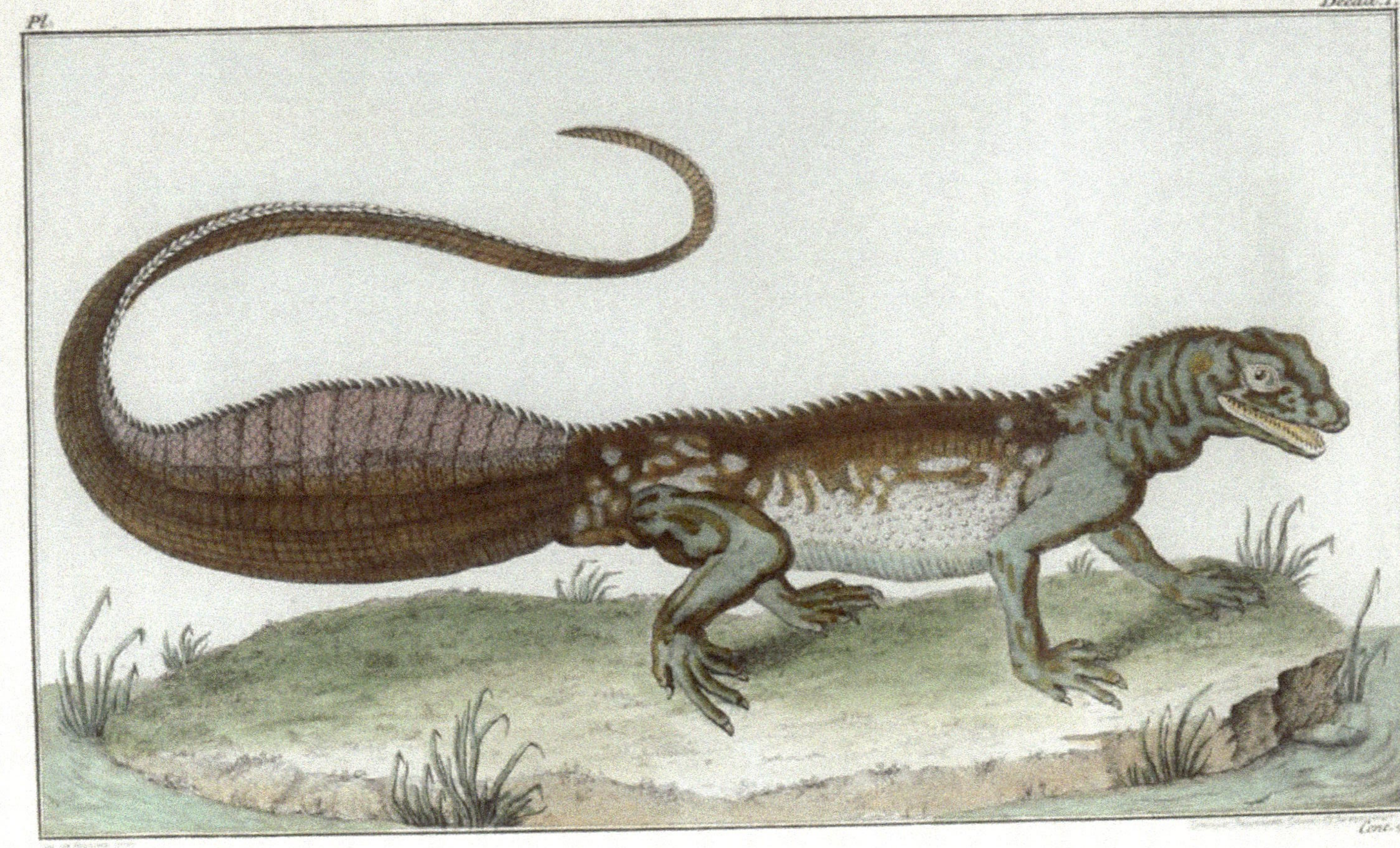

Cent. 9.

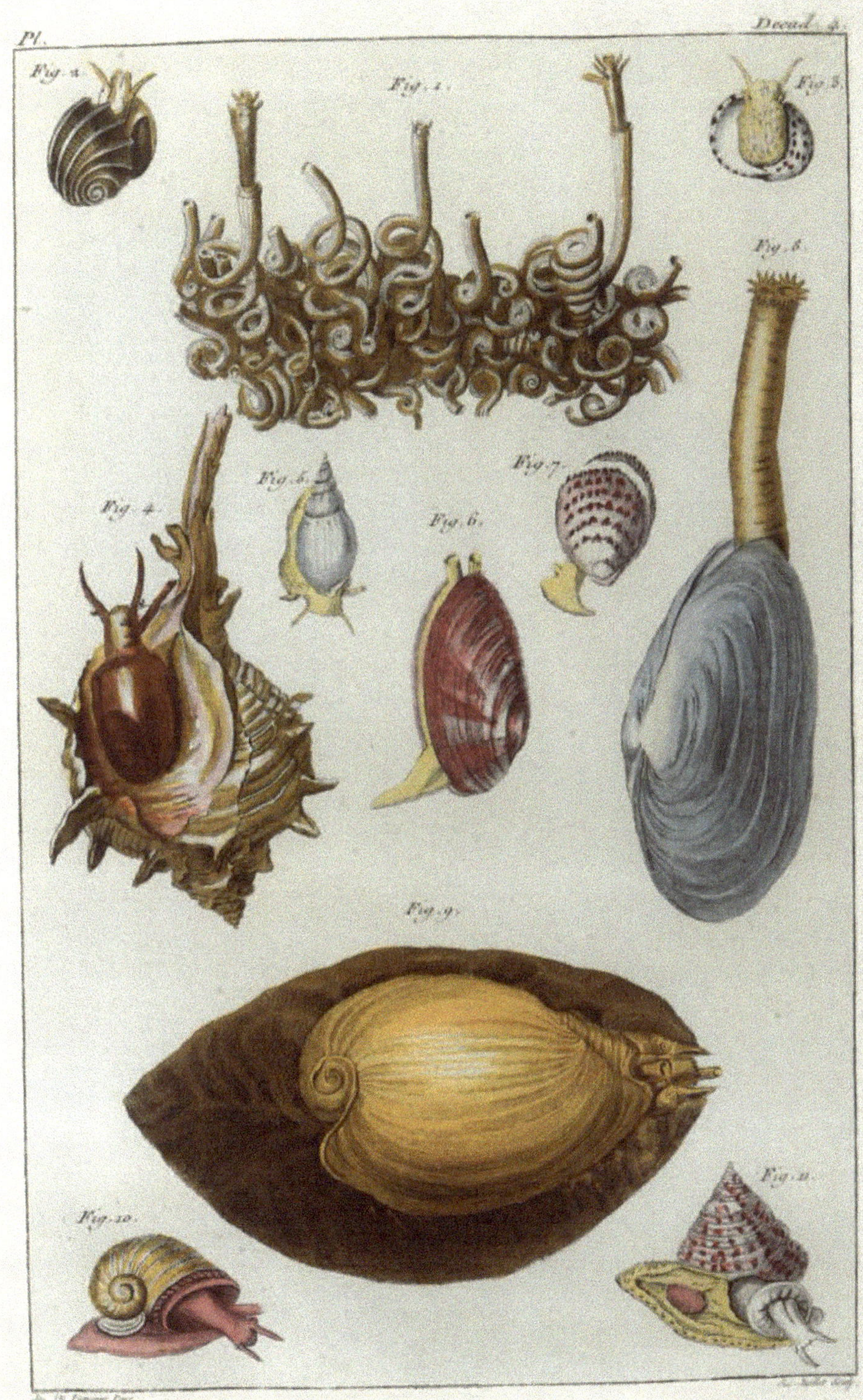
Pl.
Decad. 4.
Fig. 2.
Fig. 1.
Fig. 3.
Fig. 8.
Fig. 4.
Fig. 5.
Fig. 6.
Fig. 7.
Fig. 9.
Fig. 10.
Fig. 11.

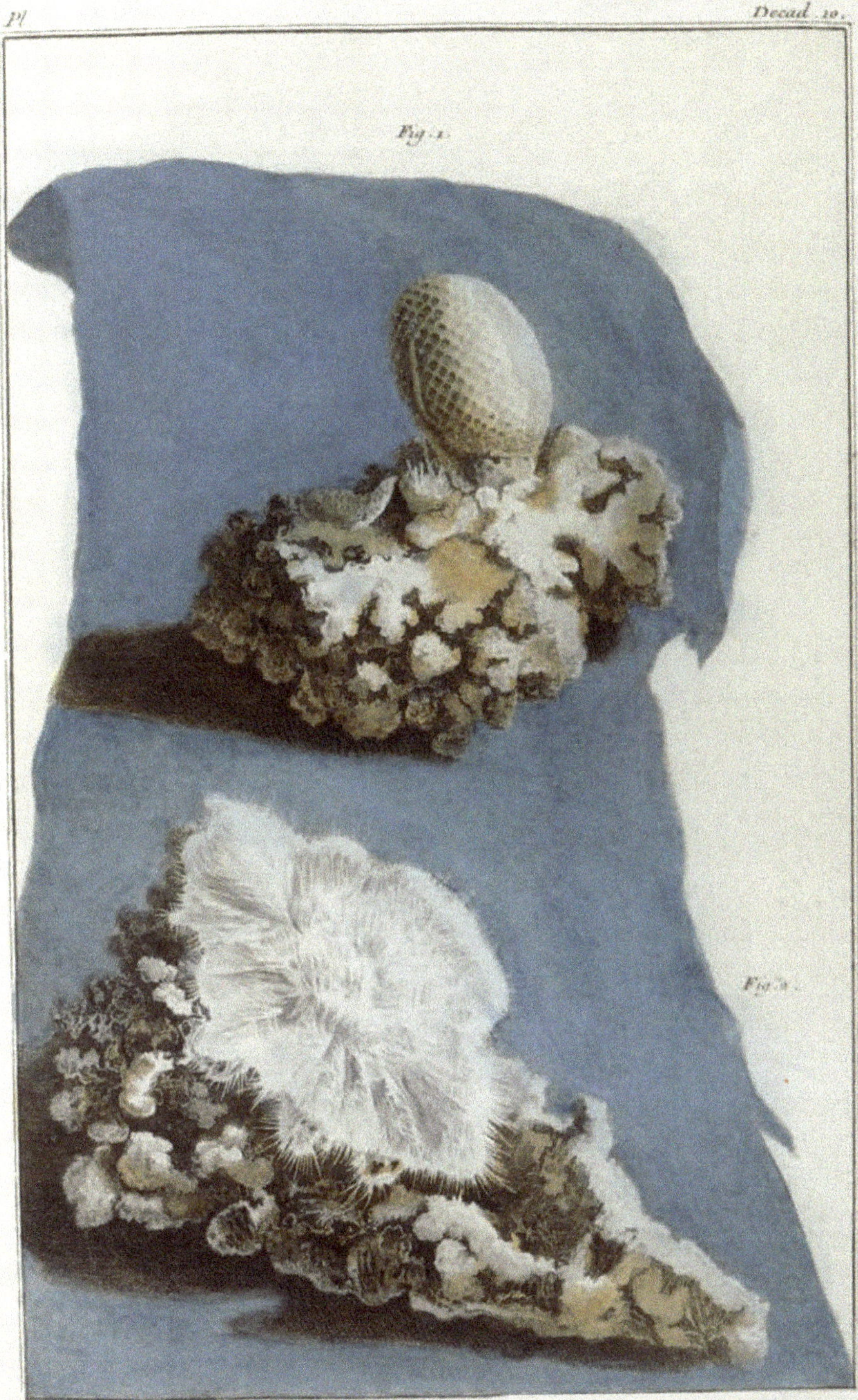

Desmoulins, Pinx et Sculp.

Pl.

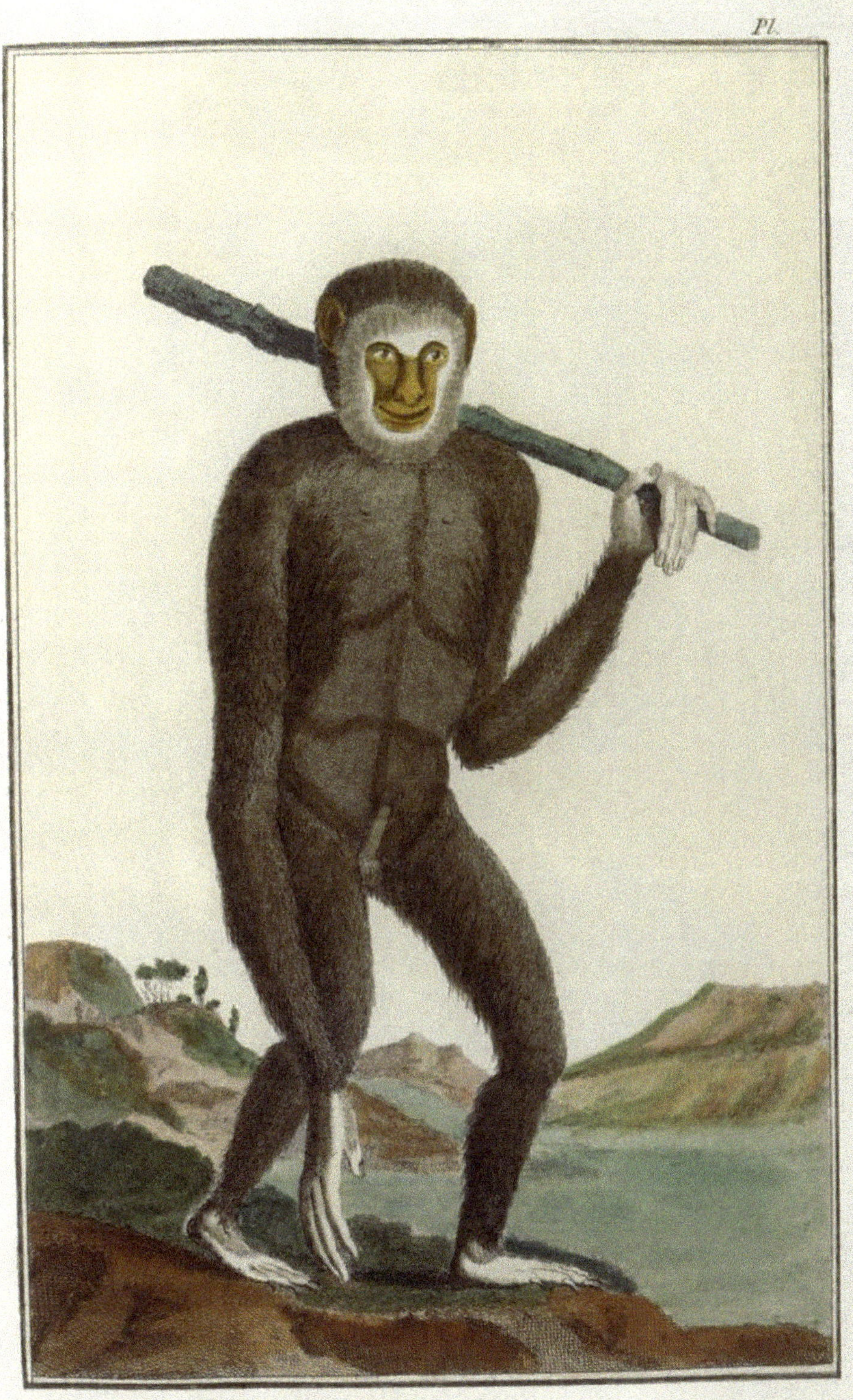

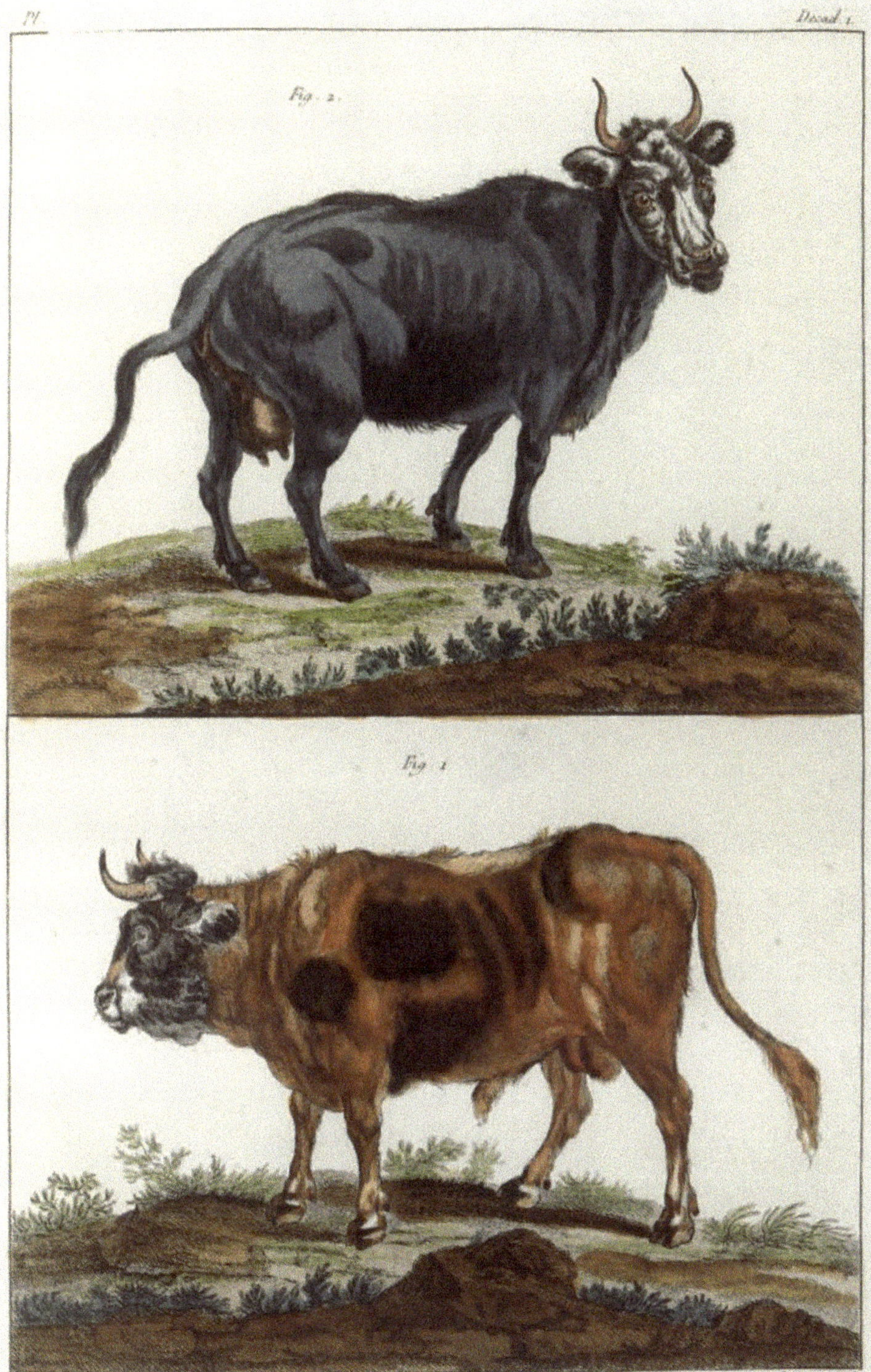
Pl.
Decad. 1.
Fig. 2.
Fig. 1.
Desmoulins del.
C. Bagnoy Sculp.

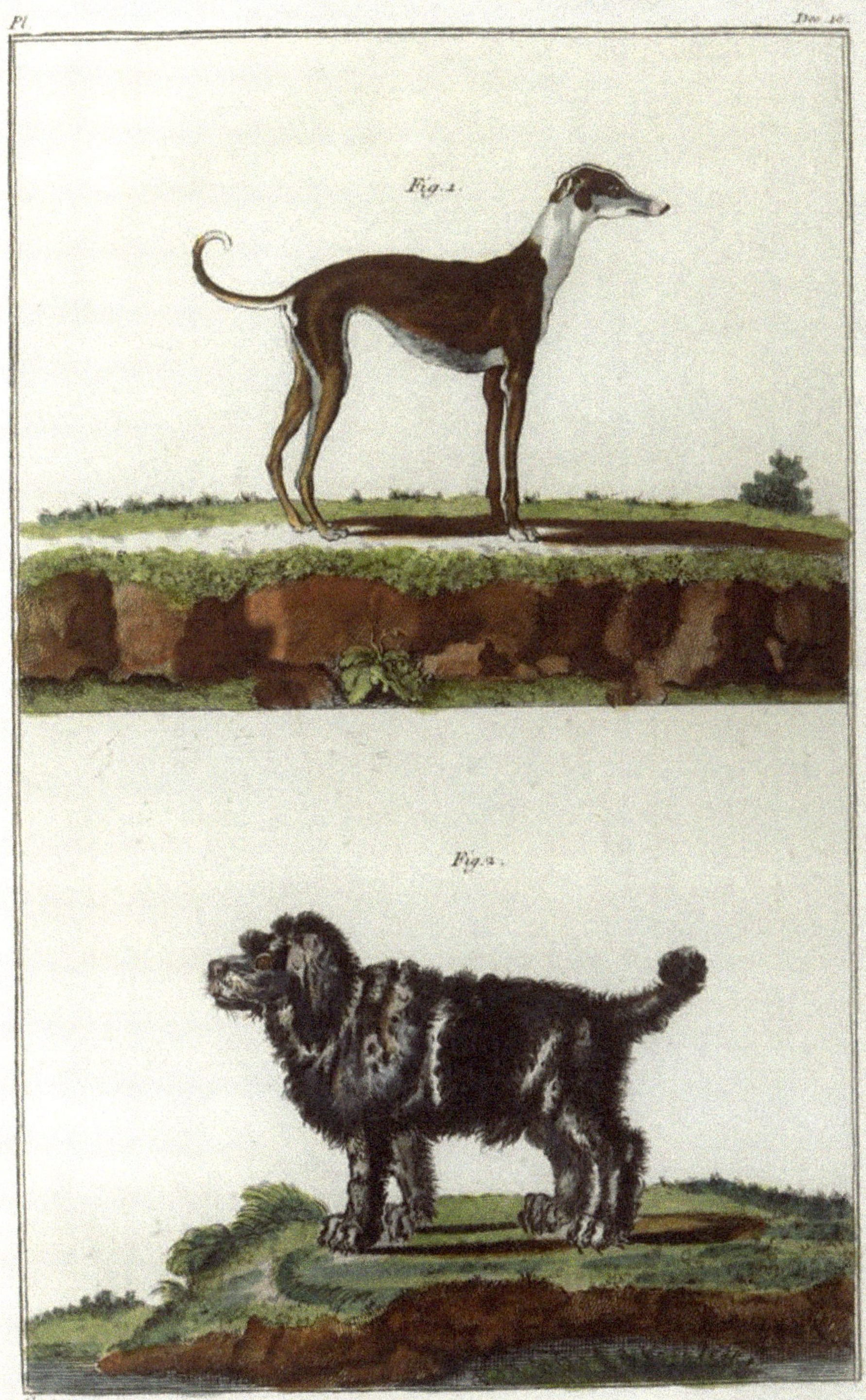

Cent. 2

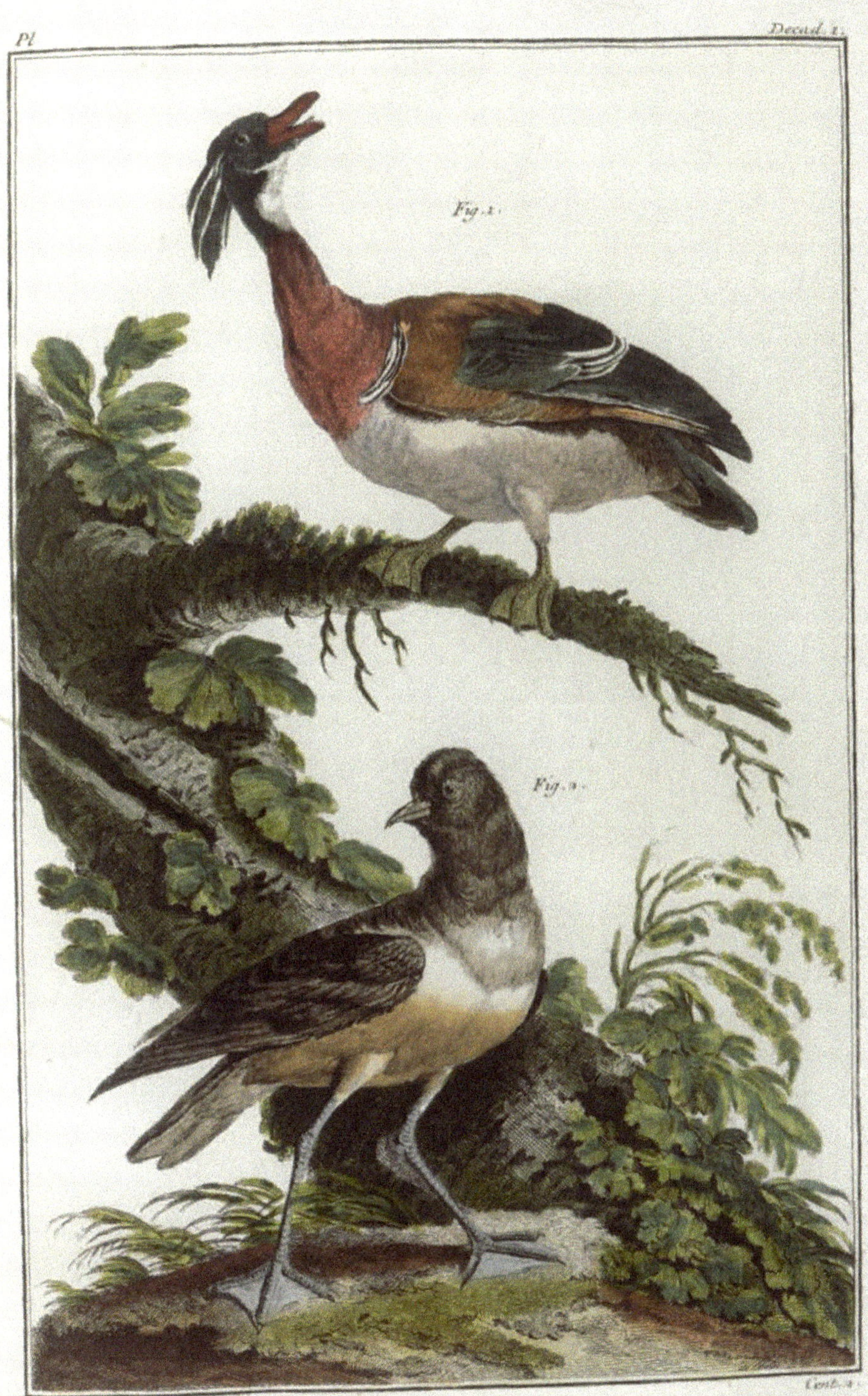
Pl
Decad. 1.
Fig. 1.
Fig. 2.

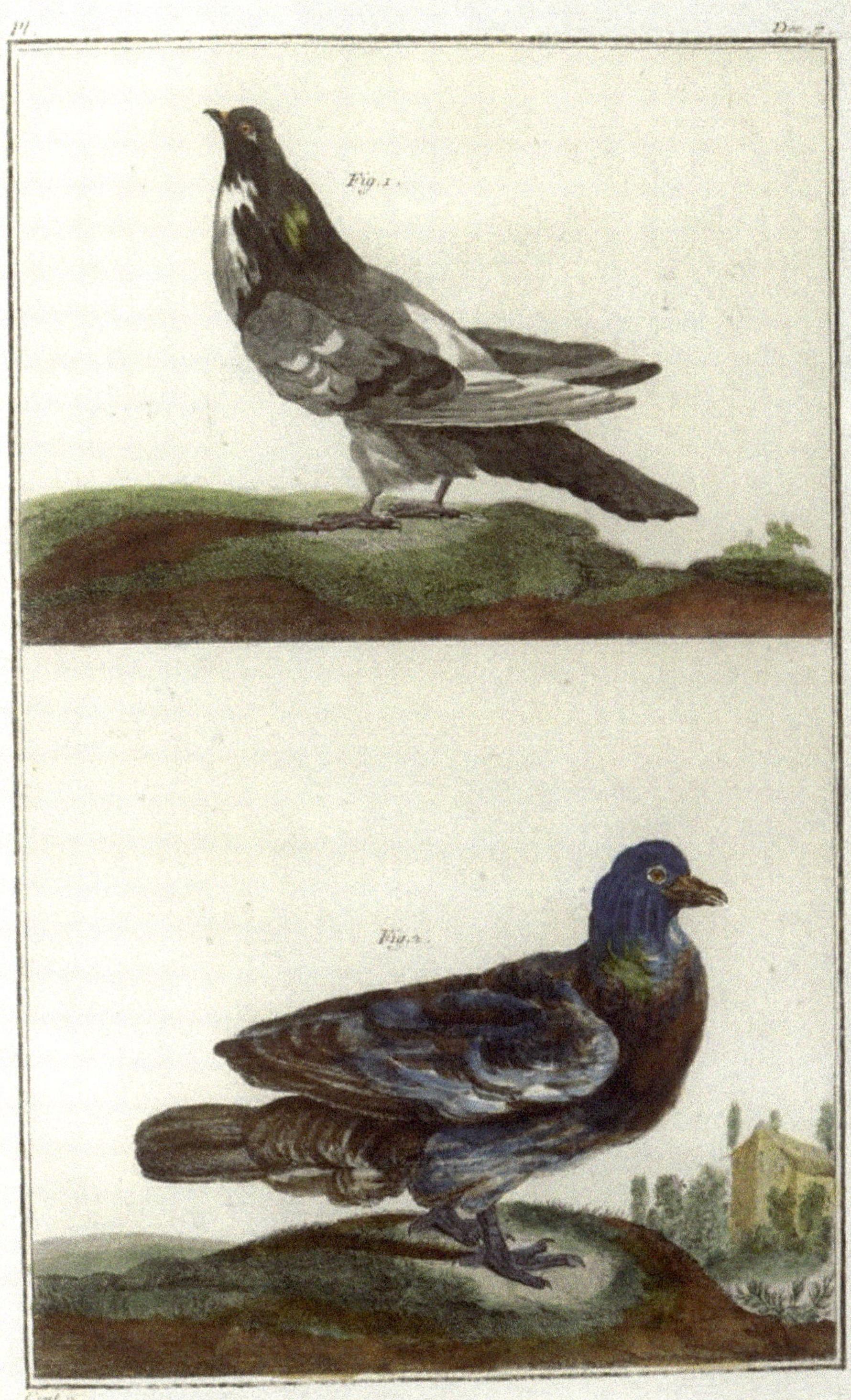
Pl.
Fig. 1.
Fig. 2.

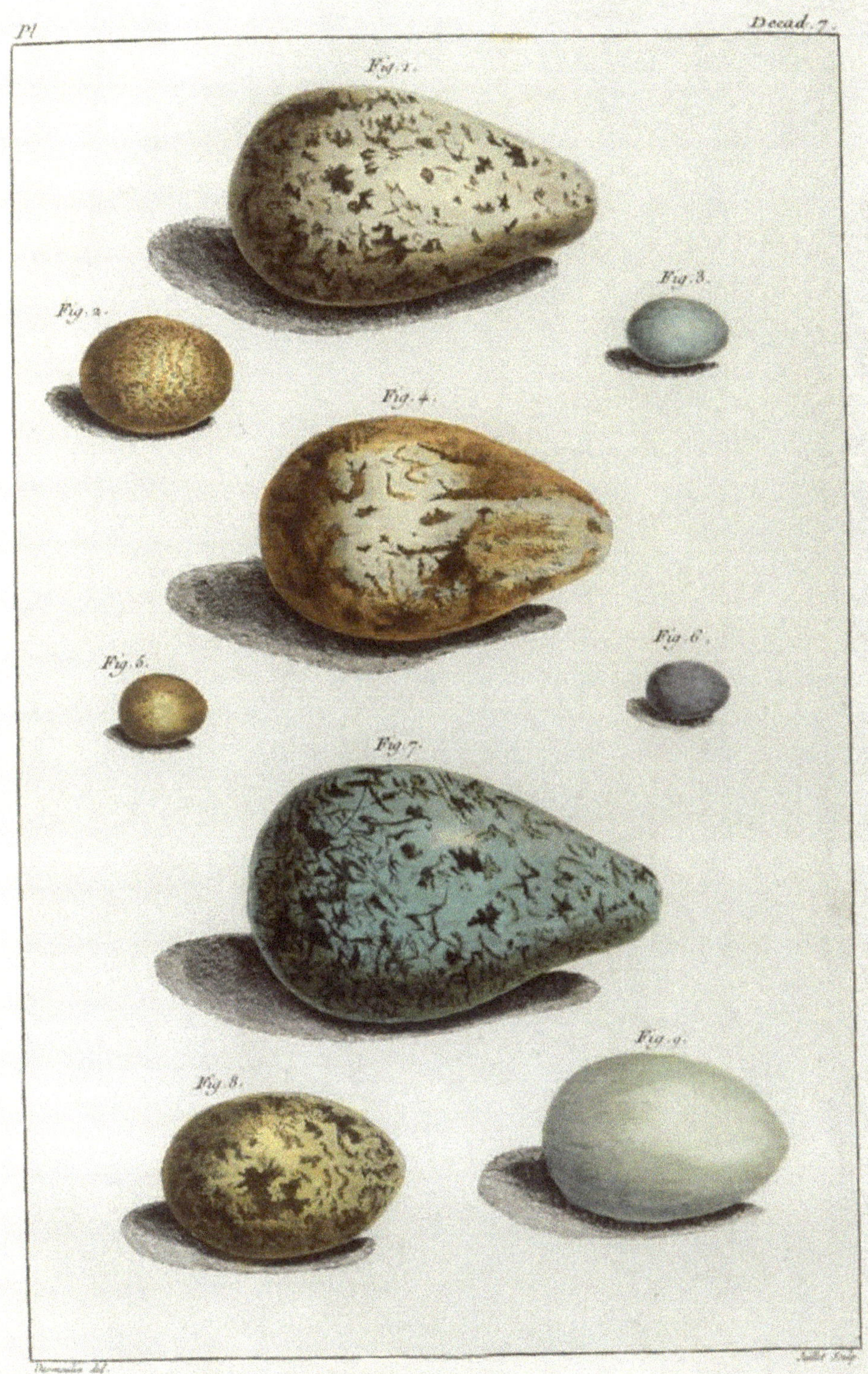
Pl
Decad. 7.
Fig. 1.
Fig. 2.
Fig. 3.
Fig. 4.
Fig. 5.
Fig. 6.
Fig. 7.
Fig. 8.
Fig. 9.

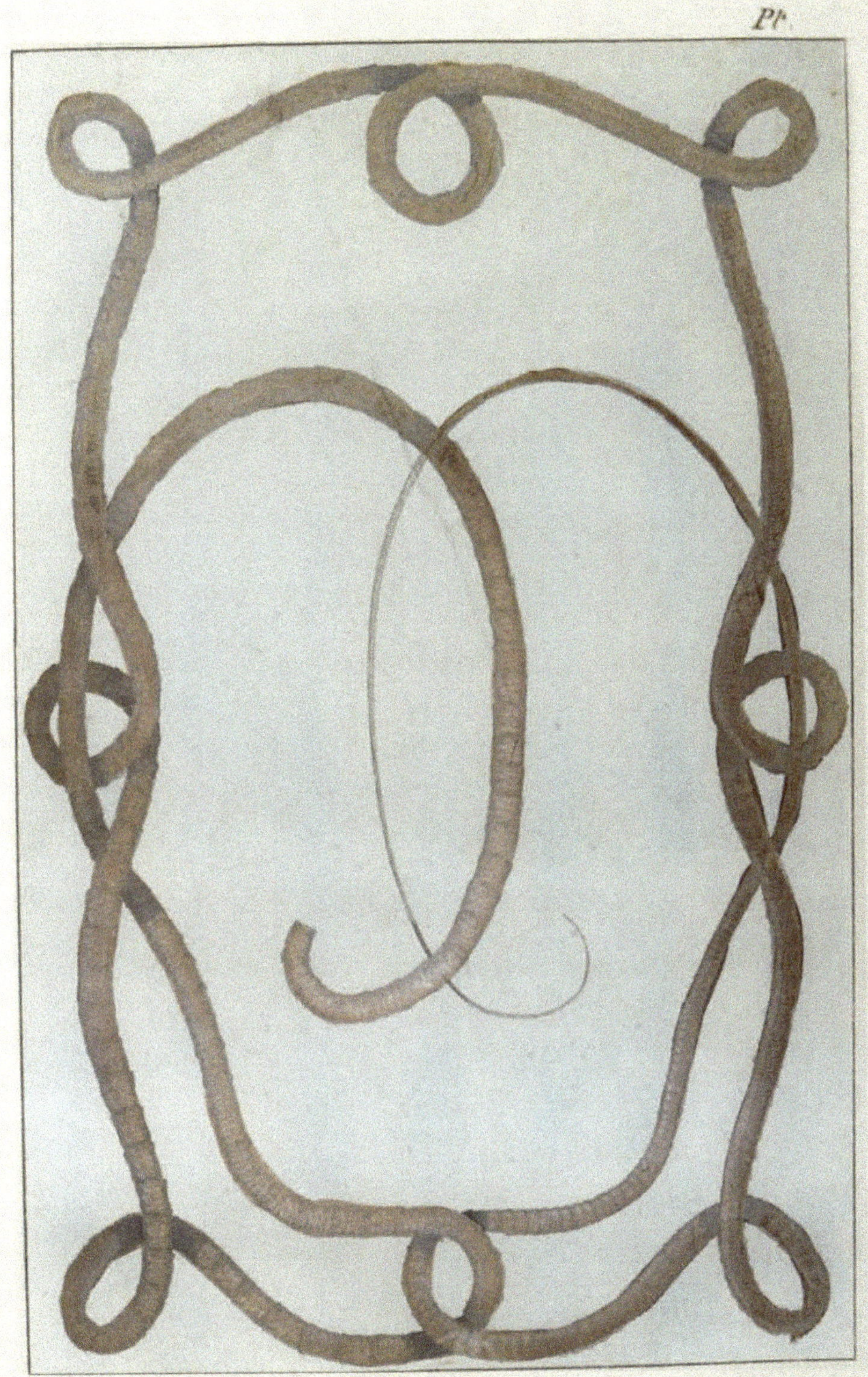

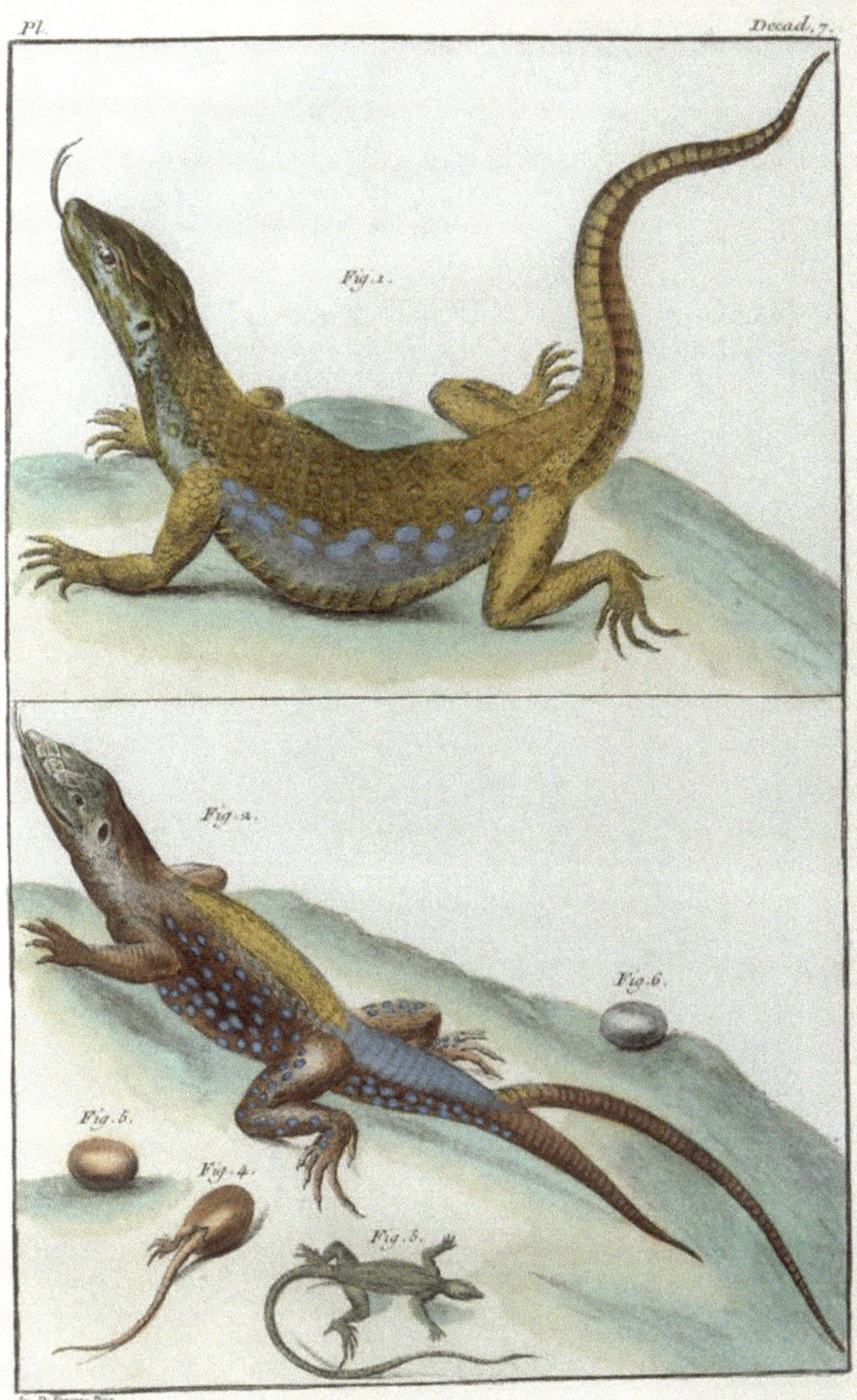
Pl.
Decad. 7.
Fig. 1.
Fig. 2.
Fig. 6.
Fig. 5.
Fig. 4.
Fig. 3.

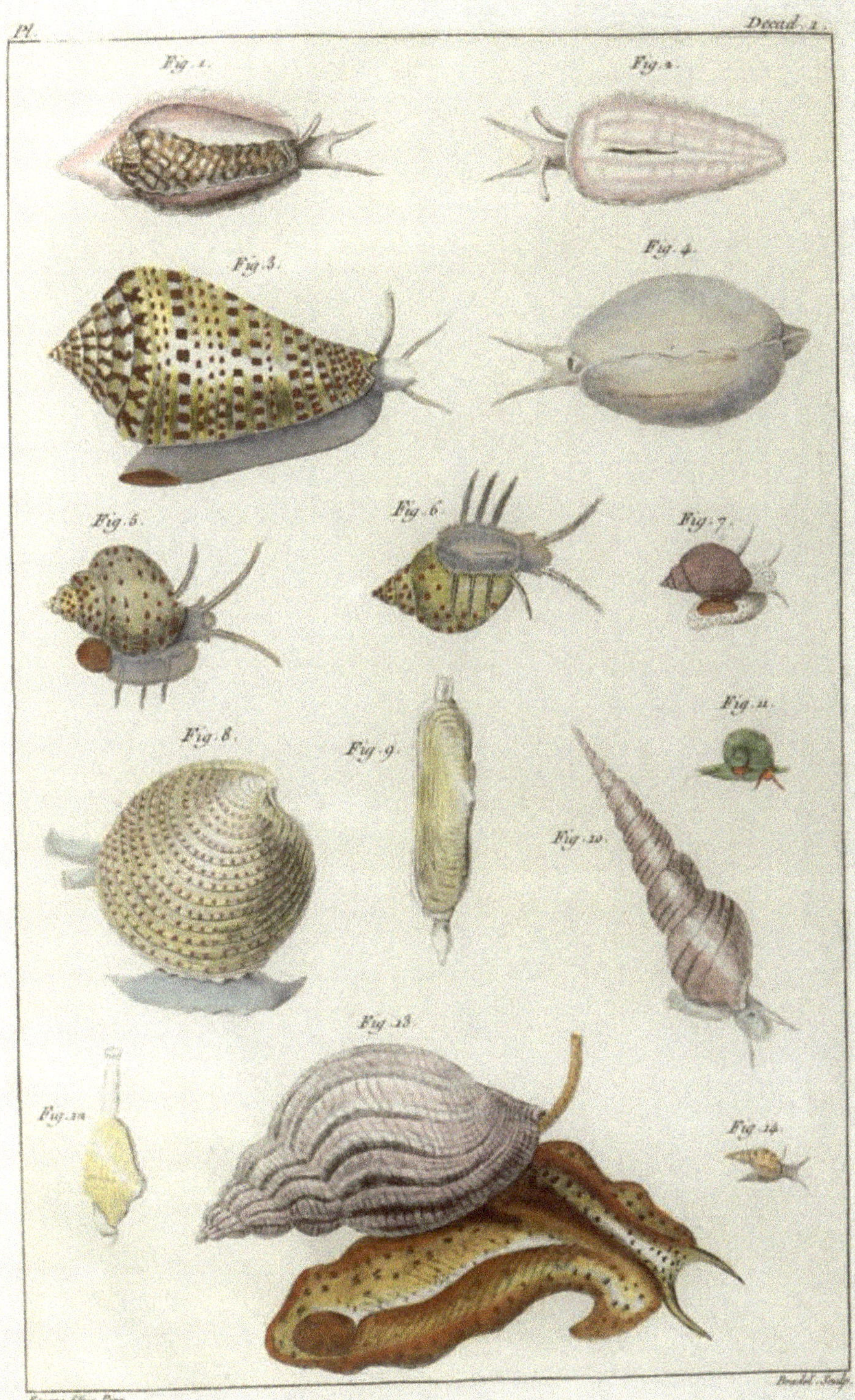
Pl.
Decad. 2.
Fig. 1.
Fig. 2.
Fig. 3.
Fig. 4.
Fig. 5.
Fig. 6.
Fig. 7.
Fig. 8.
Fig. 9.
Fig. 10.
Fig. 11.
Fig. 12.
Fig. 13.
Fig. 14.

EXPLICATION
DES PLANCHES.

PLANCHE 1, *fig.* 1, l'Homme; *fig.* 2, la Femme.

Pl. 2, le Singe fatyre.

Pl. 3, le Dromadaire : fes dents font repréfentées au bas de la Planche à la moitié de leur grandeur; on a auffi repréfenté au bas de cette même Planche une petite partie de fa queue, pareillement réduite à la moitié, & les parties de fa génération, mais qui font réduites au tiers de leur grandeur.

Pl. 4, *fig.* 1, Mouton bocagé; *fig.* 2, Mouton Allemand.

Pl. 5, *fig.* 1, Taupe du Canada; *fig.* 2, Taupe du pays; *fig.* 3, Taupe panachée.

Pl. 6, *fig.* 1, Calao à bec cifelé de l'ifle de Panay; *fig.* 2, Becaffine blanche de la Cayenne.

Pl. 7, *fig.* 1, Lory d'Amboine; *fig.* 2, Lory des Moluques; tous deux réduits aux deux tiers.

Pl. 8, *fig.* 1, Jafeur mâle de la Louyfiane; *fig.* 2, Jafeur femelle.

Pl. 9, *fig.* 1, Phalene odorante de la Jamaïque ayant les ailes étendues; *fig.* 2, la même, vue différemment; *fig.* 3 & 4, Idoménée, papillon de Surinam, vu de deux faces différentes.

Pl. 10, le Serpent à fonnettes.

Pl. 11, *fig.* 1, le Rhomboïte de Cayenne; *fig.* 2, le Guaperva du Bréfil; *fig.* 3, l'Orbis.

Pl. 12, *fig.* 1 & 2, Cafques pavés; *fig.* 3 & 4, la Plume; *fig.* 5 & 6, la Racrocheufe.

Pl. 13, l'Ourang-Outang.

Pl. 14, le Babuin, efpece de finge.

Pl. 15, *fig.* 1, le Mulet; *fig.* 2, le Cheval Navarrois.

Pl. 16, *fig.* 1, le Philander femelle; *fig.* 2, le Philander mâle de la Louyfiane.

Pl. 17, *fig.* 1, Chien bichon; *fig.* 2, Dogue de forte race.

Pl. 18, Corocoux de la Cayenne.

Pl. 19, *fig.* 1, nid de la Bergeronette; *fig.* 2, nid de merle.

Pl. 20, *fig.* 1 & 2, le Page du roi de la Chine, l'Antiphates; *fig.* 3 & 6, le Danois blanc vu en-deffus & en-deffous; *fig.* 4 & 5, le Pipleis des Indes vu en-deffus & en-deffous.

Pl. 21, Caméléon verd de la Cayenne.

Pl. 22, *fig.* 1, l'Olive; *fig.* 2 & 3, le Lepas à trou; *fig.* 4, la Pince de chirurgien; *fig.* 5, la grande Pelerine; *fig.* 6, la Dentale; *fig.* 7 & 8, l'Ofcabrion.

Pl. 23, nouveau genre de Zoophite pêché au détroit de Davids.

Pl. 24, *fig.* 1, Singe voltigeur; *fig.* 2, Singe fiffleur.

Pl. 25, le Patyphygos, efpece de finge.

Pl. 26, le Chien Crabier.

Pl. 27, *fig.* 1, Chat d'Efpagne; *fig.* 2, Chat Angola.

Pl. 28, *fig.* 1, Pigeon mondain; *fig.* 2, Pigeon hyacinthe.

Pl. 29, *fig.* 1, le Geay de la Cayenne; *fig.* 2, le Coiunda des Moluques.

Pl. 30, *fig.* 1, le Coq nain patu; *fig.* 2, le Coq à crête dorée.

Pl. 31, *fig.* 1, le Semiramis de Surinam; *fig.* 2 & 3, le Sphinx-Belier vu en-deffus & en-deffous; *fig.* 4, l'Afcanius; *fig.* 5, le Boreas.

Pl. 32, *fig.* 1 & 2, Tortue cartilagineufe de Schloffer; *fig.* 2, le Chaetodon Argus.

Pl. 33, *fig.* 1 & 4, Selles Polonoifes; *fig.* 2 & 3, Conques Perfiques.

Pl. 34, Bouteille trouvée dans la mer, couverte de vermiffeaux, plantes marines & coquillages.

Pl. 35, le Singe Mormon.

Pl. 36, *fig.* 1, Belier de Chine, ou Morvant; *fig.* 2, Belier d'Iflande à cinq cornes.

Pl. 37, *fig.* 1, Chevre; *fig.* 2, Bouc.

Pl. 38, *fig.* 1, Mouton d'Alençon; *fig.* 2, Mouton de Berry.

Pl. 39, *fig.* 1, Poule naine patue; *fig.* 2, Poule à crête dorée.

Pl. 40, *fig.* 1, œuf de Pie; *fig.* 2, œuf de Ralle à long bec; *fig.* 3, œuf de Merle; *fig.* 4, œuf de Caille; *fig.* 5, œuf de Faifan; *fig.* 6, œuf de Grive; *fig.* 7, œuf de gros Corbeau; *fig.* 8, œuf de Tourterelle; *fig.* 9, œuf de Faucon, ou d'Epervier; *fig.* 10, œuf de Verdier; *fig.* 11, œuf de Perdrix; *fig.* 12, œuf de Vanneau; *fig.* 13, œuf de Pigeon Ramier; *fig.* 14, œuf de Hochequeue; *fig.* 15, œuf d'Allouette des bois; *fig.* 16, œuf de Coucou; *fig.* 17, œuf d'Allouette hupée; *fig.* 18, œuf de Corneille commune; *fig.* 19, œuf d'Arcanette; *fig.* 20, œuf de Chevêche.

Pl. 41, différens Papillons de la Jamaïque & de l'Afrique, décrits par Drury; la *figure* 4 repréfente la Phalene du Saffafras.

Pl. 42, Serpent de l'Amérique à zones rouges, noires & d'un blanc jaunâtre.

Pl. 43, *fig.* 1, Poiffon Pêcheur d'Amérique cornu; *fig.* 2, Poiffon connu fous le nom de Suangi; *fig.* 3, l'Amphifiben.

Pl. 44, *fig.* 1, fauffe Arche de Noé; *fig.* 2, l'Ecriture Chinoife; *fig.* 3, le Pavot rubanné; *fig.* 4, le grand Argus; *fig.* 5, le Marteau; *fig.* 6, Buccin à couleur de citron & à bande longitudinale brune; *fig.* 7, la Conque perfique; *fig.* 8, le Bouclier à écaille de tortue; *fig.* 9, le Télefcope.

Pl. 45, le Tartarin, efpece de finge.

Pl. 46, *fig.* 1, le Chat tigré; *fig.* 2, le Chat mufqué.

Pl. 47, *fig.* 1, Mouton de Hongrie; *fig.* 2, Mouton de Faulx.

Pl. 48, *fig.* 1, Aigle de mer; *fig.* 2, Aigle de France.

Pl. 49, *fig.* 1, le Tangara, ou l'Evêque; *fig.* 2, la Perdrix de Cayenne.

Pl. 50, *fig.* 1, le Canard domeftique; *fig.* 2, l'Oie domeftique.

Pl. 51, *fig.* 1, Serpent à queue applatie, à dos brun, du Mexique; *fig.* 2, Serpent à queue applatie, à anneaux, des mers des Indes; *fig.* 3, Lezard ferpent à queue longue & à écailles rudes d'Afrique; *fig.* 4, Lézard à écailles liffes du Cap de Bonne-Efpérance.

Pl. 52, *fig.* 1, Caiman; *fig.* 2, jeune Caiman qui fort de l'œuf.

Pl. 53, *fig.* 1 & 2, le Sormet d'Adanfon vu en-deffus & en-deffous; *fig.* 3 & 4, l'Oreille de mer du Sénégal vue en-deffus & en-deffous, *fig.* 5, Telline tronquée avec l'animal; *fig.* 6, Cœur de Mamora; *fig.* 7, Nautile papiracée avec fon polype de la Méditerranée.

Pl. 54, *fig.* 1, Cornet écaillé; *fig.* 2, faux pou de Baleine; *fig.* 3, Came à ftries entiérement blanches; *fig.* 4, Ourfin marqueté; *fig.* 5, Parafol vu fous afpects différens; *fig.* 6, Olive ventrue; *fig.* 7, le *Cedo nulli*; *fig.* 8, le Fufeau ardent; *fig.* 9, la Navette; *fig.* 10, Tuyau à écailles de poiffon de couleur grife; *fig.* 11, Couronne d'Ethiopie à griffe.

Pl. 55, le Magot, efpece de finge.

Pl. 56, *fig.* 1, le petit Bouc damoifeau de Guinée; *fig.* 2, la Marmotte bâtarde d'Afrique; *fig.* 3, le Sanglier d'Afrique.

Pl. 57, *fig.* 1, Mouton Rofferon; *fig.* 2, Mouton Vexin.

Pl. 58, *fig.* 1, Poule hupée de Numidie; *fig.* 2, Coq hupé de Numidie.

Pl. 59, *fig.* 1, Coucou brun & tacheté de Madagafcar; *fig.* 2, le Muficien.

Pl. 60, *fig.* 1, œuf d'Autruche d'Amérique; *fig.* 2, œuf de Cafoar; *fig.* 3, œuf d'Autruche des Indes Orientales.

Pl. 61, *fig.* 1, le Dimas; *fig.* 2, le Leucippe mâle; *fig.* 3 & 6, le Leucippe femelle; *fig.* 4 & 5, le Palaeno.

Pl. 62, *fig.* 1, Moorfe af godt, ou l'Idole des païens des ifles Moluques; *fig.* 2, le Poiffon du Diable, ou Jean Satan; *fig.* 3, le Macolor des ifles Moluques.

Pl. 63, *fig.* 1 & 3, Vis à ruban vue par le dos & par la bouche; *fig.* 2, Cafque lardé à un feul rang; *fig.* 4, 6, 7 & 9, Buccins fluviatils de la Nouvelle-Zélande; *fig.* 5, Buccin, tête de Taureau; *fig.* 8, Buccin, Crapaud de la Nouvelle-Zélande.

Pl. 64, *fig.* 1, Rocher, efpece de coquille, fur lequel s'eft formée une éponge en forme de tuyau; *fig.* 2, autre Rocher fur lequel s'eft pareillement formée une éponge en forme de verre.

Pl. 65, le Pitheque, efpece de finge.

Pl. 66, *fig.* 1, Rat de forêt de Surinam; *fig.* 2, Crapaud de Surinam qui porte fes petits fur le dos.

Pl. 67, *fig. 1*, l'Epagneul; *fig. 2*, le Chien de Berger.

Pl. 68, *fig. 1*, la petite Perruche de l'isle de Cithere; *fig. 2*, le Gobemouche à longue queue, de Cayenne.

Pl. 69, *fig. 1*, le Chirurgien des Moluques; *fig. 2*, le petit Plongeon noir & blanc; il se trouve de la part du dessinateur un défaut d'exactitude dans le bec.

Pl. 70, *fig. 1*, Merle bleu à ailes vertes, des Moluques; *fig. 2*, Merle verdâtre de Cayenne.

Pl. 71, *fig. 1*, Scarabée pilulaire d'Amérique; *fig. 2*, Scorpion de la Cayenne; *fig. 3* & *4*, Chrysalides de la Cayenne; *fig. 5*, Sauterelle à fabre, de la Cayenne; *fig. 7* & *10*, Scarabés velours de la Cayenne; *fig. 8*, Mante de la Cayenne; *fig. 11*, Porte-scie, ou Porte-lanterne; *fig. 14*, Capricorne de la Cayenne; *fig. 13*, Scarabé du midi de l'Amérique; *fig. 6*, Chenille végétale de l'Amérique; *fig. 9* & *12*, Mouche végétale de la Dominique.

Pl. 72, Serpent nuancé de l'Amérique.

Pl. 73, *fig. 1*, Pholade de France; *fig. 2*, Vis avec son animal; *fig. 2*, Pholade du Sénégal; *fig. 3*, la Tour de Babel; *fig. 5*, Multivalve de l'Amérique; *fig. 6*, Poussepied avec son animal; *fig. 7* & *9*, l'Oscabrion vu extérieurement & intérieurement; *fig. 8*, Pourpre de Maon.

Pl. 74, le Mandril, espece de singe.

Pl. 75, *fig. 1*, Vache du Cotentin; *fig. 2*, Taureau du Cotentin.

Pl. 76, *fig. 1*, Chat des Chartreux; *fig. 2*, Braque du Bengale; *fig. 3*, Cochon.

Pl. 77, *fig. 1*, Poule-d'inde; *fig. 2*, Coq-d'inde.

Pl. 78, *fig. 1*, la grande Veuve; *fig. 2*, la petite Veuve.

Pl. 79, *fig. 1*, œuf de la Grive rouge; *fig. 2*, œuf de Merle doré, ou Grive jaune; *fig. 3*, œuf de l'Alouette commune; *fig. 4*, œuf de l'Alouette huppée; *fig. 5*, œuf de l'Alouette des bois; *fig. 9* & *10*, œufs de Pinçon; *fig. 11*, œuf de Chardonneret; *fig. 12*, œuf de la grande Linotte des vignes; *fig. 13* & *14*, œufs de la petite Linotte des vignes; *fig. 15*, œuf de la Linotte des montagnes; *fig. 16*, œuf du pinçon à huppe de couleur de feu; *fig. 17*, œuf du Tarin; *fig. 18*, œuf du Pinçon des montagnes; *fig. 19*, œuf du Tête-Chevre ou Crapaud volant; *fig. 20*, œuf du petit Martinet; *fig. 21*, œuf de l'Hirondelle domestique; *fig. 22*, œuf de l'Hirondelle de rivage; *fig. 23*, œuf de Rossignol; *fig. 24*, œuf de la Fauvette commune; *fig. 25*, œuf du Gobemouche; *fig. 26*, œuf du petit Gobemouche; *fig. 27*, œuf du grand Traquet; *fig. 28*, œuf de la Fauvette des roseaux; *fig. 29*, œuf du Becfigue; *fig. 30*, œuf du Gobemouche à dos cendré; *fig. 31*, œuf du Roitelet; *fig. 32*, œuf du Traquet.

Pl. 80, *fig. 1*, grosse Araignée de Surinam; *fig. 2*, la même Araignée dévorant un Colibris; *fig. 3*, Araignée chasseuse de Surinam; *fig. 4*, grosse Fourmi de Surinam; *fig. 6*, Fourmi ailée.

Pl. 81, *fig. 1*, Guaperva cendré; *fig. 2*, Guaperva tacheté; l'un & l'autre se trouvent dans la mer aux environs de l'isle de France & de Bourbon.

Pl. 82, Urne antique couverte de vermisseaux marins, sur une anse de laquelle on remarque un beau Madrepore oculé.

Pl. 83, le Maimon, espece de singe.

Pl. 84, *fig. 1*, l'Asne; *fig. 2*, le Cheval Comtois.

Pl. 85, *fig. 1*, Chevre de Cambie; *fig. 2*, Bouc de Cambie.

Pl. 86, *fig. 1*, Canard de Barbarie; *fig. 2*, Canne de Barbarie à plumage blanc.

Pl. 87, le Calao des Indes orientales.

Pl. 88, *fig. 1*, Pigeon Biset; *fig. 2*, Pigeon Gorge-patu.

Pl. 89, *fig. 1*, Sauterelle mâle de l'isle d'Amboine; *fig. 2*, Sauterelle femelle; *fig. 3*, Scorpion de la grosse espece.

Pl. 90, Lézard tigreté d'Amboine.

Pl. 91, *fig. 2* & *3*, Nérite vue de deux sens différens avec son animal; *fig. 1*, Vermisseaux marins; *fig. 4*, Massue d'Hercule avec son animal; *fig. 5*, Buccin avec son animal; *fig. 6*, Telline avec son animal; *fig. 8*, Came nommée Paragon, avec son animal; *fig. 7*, le Jatteron avec son animal; *fig. 12*, Tonne avec son animal; *fig. 10*, Sablon avec son animal; *fig. 11*, Sabot avec son animal.

Pl. 92. *fig. 1*, Madrepore des grandes Indes à figure hexagone, travaillé à jour; *fig. 2*, Madrepore rayonné des grandes Indes.

Pl. 93, le grand Gibbon, espece de singe.

Pl. 94, *fig. 1*, le Taureau; *fig. 2*, la Vache.

Pl. 95, *fig. 1*, petit Danois; *fig. 2*, grand Barbet ou Caniche.

Pl. 96, *fig. 1*, Canard Branchu de la Louysiane; *fig. 2*, l'Oiseau de Tempête.

Pl. 97, *fig. 1*, Pigeon Chevalier; *fig. 2*, Pigeon Ramier.

Pl. 98, *fig. 1*, œuf de Gode; *fig. 2*, œuf de Cresserelle; *fig. 3*, œuf de Mauvis; *fig. 4*, œuf de Pinguin; *fig. 5*, œuf d'Alouette des bois; *fig. 6*, œuf de Fauvette à tête noire; *fig. 7*, œuf de Vernette; *fig. 8*, œuf de Courlis des montagnes; *fig. 9*, œuf de Cormorand.

Pl. 99, Ver solitaire rendu par l'auteur.

Pl. 100, *fig. 1*, le gros Lézard verd & moucheté, de la Jamaïque; *fig. 2*, le gros Lézard moucheté à queue fourchue, de la Jamaïque.

Pl. 101, *fig. 1* & *2*, Olive avec son animal, vue supérieurement & inférieurement; *fig. 3*, le Cornet Tigre avec son animal; *fig. 4*, l'Arlequine avec son animal; *fig. 5* & *6*, Limaçon pisté avec son animal, vu supérieurement & inférieurement; *fig. 7*, Buccin avec son animal; *fig. 8*, Clonisse avec son animal; *fig. 9*, Manche de couteau du Sénégal, avec son animal; *fig. 10*, le Mafil avec son animal; *fig. 11*, Ecorce d'orange avec son animal; *fig. 12*, Pholade du Sénégal; *fig. 13*, la Cagarolle avec son animal; *fig. 14*, le Barnet avec son animal.

Achevé d'imprimer en Angleterre
par Lightning Source UK

www.ingramcontent.com/pod-product-compliance
Ingram Content Group UK Ltd.
Pitfield, Milton Keynes, MK11 3LW, UK
UKHW062008290726
14090UKWH00022B/1461

9 782013 729475